# ことば から見る 子どもの育ち

## ～エピソードから読み解く～

今井和子／著

ひかりのくに

# はじめに

　子どものことばは、それを聞き止める大人によってこそよみがえります。聞き流してしまったらシャボン玉のようにすぐ消えてしまいます。保育者時代、子どものことばが、その子ならではの、目に見えない心の訴えでもあると気付き、ずっと子どもたちのことばを聞き、記録してきました。そのことで予想もしなかったたくさんの宝物をいただけたように思います。

　その宝物というのはまず、ことばから子どもの心の育ちを見いだせたこと、次に子どものことばは、大人のことばとはどこか違う、大人の心を揺るがす力があるものだということ、そして、その真意を追求することで、保育の真髄である子どもとの相互信頼が得られるようになったことなどです。保育者として本当に大きな学びになったと自負しています。時には早とちりや聞き違い（誤解）もたくさんありました。が、それが自分を知るいい機会にもなりました。

　そして「大人と子どものやり取りで最も大切なことは何か？」を私なりにつかめたことも何よりの財産でした。それを一言で表現しますと「子どもの人格を尊重し、対等な人間同士として関わること、すなわち対話が生まれる間柄になるということ」です。対話は大人が一方的に自分の考えを述べることではなく、そこにはことばのやり取りがあります。ことばのやり取りは実は、心のやり取りだったのです。この心の交わりが深ければ深いほどに相互の理解が可能になっていきます。それを応答的な関係といいます。

アメリカの研究者ヘスによると、日頃の母親の子どもへの言語的コミュニケーション様式が、子どもの認知能力の発達に大きな影響を及ぼすことが見いだされています。例えば、電話が掛かってきて話しているそばで、子どもたちが騒いだとします。そのとき「静かにしなさい、うるさいわねえ」と注意したとします。すると子どもたちはすぐ静かにしますが、なぜ叱られたのか…、せっかく楽しく遊んでいたのに釈然としません。そんなとき「今、電話を掛けているから、その間だけ静かにしてね。電話が聞こえないから」と伝えることによって、なぜ騒がれては困るかその理由が子どもたちに理解され、内省的に考えさせられる機会になります。子どもに対して保育者が一方的に押し付けるのでなく、判断を委ねる応答的な話し方をすることによって、子どもの考え方、気付きを尊重する結果になります。それによって思いやりが生まれます。

　今"忙しい忙しい"と言われる現代の私たちに最も欠けているのが、この他者への思いやりだといわれます。この本では、子どものことばから、子どもたちのどんな真実・本音が伝わってくるかご理解いただき、保育の喜び・楽しみに変えていただければこんなにうれしいことはありません。

—————— 今井和子

# 本書の特長

## 特長 1
### 子どもの発達が
### ことばを通してわかる

子どもがどのようにことばを獲得しながら発達していくのかを、エピソードを交えてわかりやすく解説しています。

## 特長 2
### エピソードが
### イラストでわかりやすい

子どものことばにまつわるエピソードをイラストで紹介しています。解説では、発せられることばだけでなく、ことばにならないことばなど、子どもの気持ちやその背景を探りながら考察し、子どもへの理解を深めます。

## 特長 3
### 子どもへの
### 関わり方を学べる

保育現場での問題点の提起や、現場の困りごとなどへの答えから、保育者がどのように対応していくかも解説しています。

子どものことばと発達について、長い間記録してきた豊富なエピソードを基に解説します。

# 本書の見方

ことばから子どもの姿を読み解く中で、見逃しがちな子どもの声を聞くきっかけにしたり、
その中にあるヒントを保育に取り入れたりして、子どもへの理解を深める参考にしてください。

## 第1章
子どもが
ことばを獲得していく
ことの意味を
エピソードから捉える

### 考察 🌱
子どもへの理解を深めるために、子どもが抱える
気持ちや経緯、背景などを交えて考察しています。
子どもへの理解を深める参考にしてください。

### エピソード
子どものことばにまつわ
るエピソードをイラスト
で紹介しています。

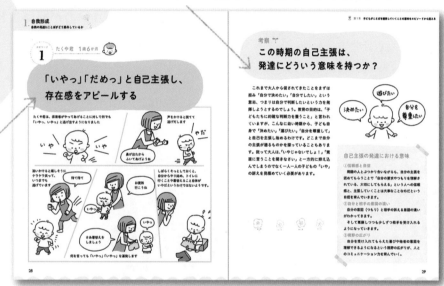

## 第2章
現在の子どもたちの
ことばをめぐる課題
Q&A

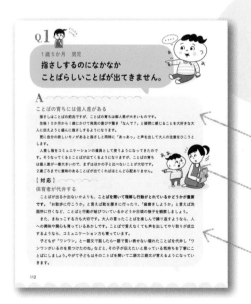

### Q. どうしたらいいの？
保育者のお悩みを紹介しています。

### A. 解説
その子の抱える気持ちや経緯、背景を解説しています。

【対応】 保育者が具体的にどう対応していけばいいのかを
解説しています。

# もくじ

# **4.** 思考力や認識の発達 … 74

# 5. 遊びが豊かになる … 94

## 第2章

### 現在の子どもたちの ことばをめぐる課題 Q&A
… 111

序章

子どもたちの
ことばにおける
現状

# 1. 日常生活の中での ことばの やり取りが激減

ともみ（4歳）「ねえ、せっちゃん、
わたしにもぶらんこのせて」

せつこ（5歳）「だめだよ、
今乗ったばっかりだもん」

ともみ　「じゃあ　どのくらい待ってたら、
乗してくれるの？」

せつこ　「あたしがおりるとき、
呼んでやるからそれまで遊んでて」

ともみ　「じゃあ早く呼んでよ」

せつこ　「わかった」

## 子どもの生活に見ることばの危機

　今、子どもたちのことばをめぐっては、さまざまな問題が指摘されています。まず、大人と子ども、子ども同士でことばのやり取りをあまりしなくなっているということはないでしょうか。

　例えば、遊びの仲間に入れてもらえなかったりすると「何で入れてくれないの？」とその訳を訊こうともせず、すぐ「もう遊ばない」「絶交する」などと相手との関係を断つような言い方を簡単にしてしまいます。必ずしもそう思って言うわけではないと思いますが、否定的なことばが多いのです。

　また、誰かが仲間に入れてもらいたくて、「いーれて」と言うと「だめっ」と言うあっさりした返事。なんでだめなのかその理由を伝えようとせずイエスかノーだけが返ってきます。断られた方もなんでだめなのか聞こうとせず「ムカつく」「二度と頼まない」などと怒ってその場からいなくなってしまいます。そういう姿をよく見るのですが皆さんの園ではいかがですか？かつて筆者が保育者をしていた３０年くらい前の記録をひもとき考えてみますと…

じゃあ、どのくらい待ってたら、乗してくれるの？

　というようなやり取りがありました。「なんで入れてくれないの？」とか「どうして乗せてくれないの？」など**一歩踏み込んで訊くことで、相手の意図への気付きが生まれます。相手にも断る理由や考えがあることを知る機会になるのですが…**。

保育者がそばにいる子どもに何か尋ねても「知らない」「関係ない」などと言われ、なかなか会話が成立しにくくなっていると聞くことがよくありましたが、どうでしょうか？

子ども同士が何かおしゃべりをしているのですが、よく見ると目を見て話していない姿が気になります。

しゃべるというのは、相手に通じていなくても、口からことばがどんどん出てくる状態、相手が聞いているかどうかはお構いなしの、一方通行の状態を指します。話すだけ話して、相手の気持ちを聞かずにいなくなってしまう子も多くなっているように思います。要するに**伝え合っていない**のです。人と向き合って話すことがないので、対話や会話が成り立ちにくいのではないでしょうか。

## 子ども同士の伝え合いこそ集団保育のメリット

これは今から17、8年前の福井市の保育者が書いた4歳児クラスの日誌です。

昨日の食事前、みゆきちゃんが「わたしハンカチ忘れちゃった」と言うと友達のあいりちゃんが「どうして？」と聞いた。みゆきちゃんは「だってお母さん、なーんも入れてくれんもん」と、母親のせいにする話しっぷりだった。するとあいりちゃんが「そんな…、お母さんって言わんかって、自分で忘れんように、ハンカチかばんに入れればいいんじゃん」と、忠告するような口ぶりで言ったのを、みゆきちゃんは、ちゃんと覚えていたようだ。

今朝はうれしそうに「ハンカチ持ってきたよ。忘れんように自分で入れたんや。あいりちゃん。教えてくれてありがとう」とさりげなく話して

いるのを聞き、私はとてもうれしく思った。子ども同士で教え合い、自分で気付き、できたことに喜びを感じ、自信をもつ。日常の中の何げない会話、友達との伝え合いに、こんな育ち合いがあることに心を動かされたひとときだった。

子ども同士で伝え合う「伝え合い保育」ということばもありましたが、保育者と子どもの会話だけでなく、園ではこうした子ども同士の会話・伝え合いが活発に生まれてこそ、集団保育の意義があります。子ども同士の会話を聞き取ることもなかなか難しいのですが、その記録によって、子ども同士で育ち合う会話の大切さがよみがえります。

## 家庭での親子関係

　今日では、親も子も電子メディアに強い関心があり、電車に乗っていても、ファミリーレストランなどでも、親子がそれぞれにメディア機に夢中で何の会話も交わされていない状況が見られます。子どもの心身の健康に最も大きな影響を及ぼすもの、それは親子の情動の相互作用、気持ちのやり取りだといわれます。

　会話と言うのは、話す人と聞く人の間にことばが往復し、両者の心が交わること、即ち、心と心が行き交うこと、更には人との共同思考と言われます。（『幼児期』岡本夏木　岩波新書）

　２０１１年にまとめられた「国連から見た日本の子どもの権利状況」（日本弁護士連合会子どもの権利委員会）では、親子の会話が極めて少なくなっていることを警告しています。**日常会話を通して子どもは生活の意味を捉え、大脳の前頭前野を活発に働かせていきます。**ところがテレビやビデオを一人で見るときは、映像が一方的に流れ、会話など双方向のやり取りがないので前頭前野があまり働きません。親も子もメディアとの接触時間が長くなり、その上長時間労働などで家族間のふれあいの時が奪われ、子どもたちのことばへの影響が大きな課題になっていることは誰もが案じていることだと思います。

# 2.
# 乱暴なことば、攻撃的なことばで自分を防御しようとする、その心の背後にあるものは？

うるせえ知るもんか！

　年長、年中組の生活の中で、時に見られることですが、子どもが保育者に何か注意されたりすると、「うるせえ」「知るもんか」「あほ」などと思いもかけないようなことばが飛び出したりすることがあります。そうでなくても食事中、女児が「こんなのくわねえよ」「まっじい！（まずい）」と声を張り上げて言ったりし、女の子のことばとは思えないほど乱暴になってきているということでした。また、子ども同士のトラブルになり興奮してくると「ぶっ殺す」「うざい」「死んじまえ」など決して言ってはならない、人の心を傷つける暴力のことばが飛び出すこともあるようです。そうした子どもたちの乱暴なことばの裏には、どんな思いが潜んでいるのでしょうか。

　昔から、ことばは心からあふれ出るものと言われてきましたが、ことばの荒れは心の荒れを意味するものだと思います。なぜ子どもたちの心がすさんでいるのでしょうか？　乱暴なことばは、テレビやビデオなどで聞き、覚えてしまっ

たということもあるかもしれません。あるいは、強い力あるものへの憧れかもしれません。または、乱暴なことばを武器にして相手を攻撃し、自分を守ろうとする姿なのかもしれません。いずれにしても乱暴なことばを使いたい、その背後にある子どもたちの気持ちは何か？　を考えてみる必要があります。

　子どもたちは、まだ自分の思いをことばで表現できない幼いころ、自分の真実の気持ちやねがいを大人に理解し、ことばにしてもらうということがあったでしょうか？　大人の忙しさは、子どもの心の中にまで目を向けるゆとりをなくしてしまうことが日常的にあったのではな

いでしょうか。大人の「私はこんなにも忙しくて大変なのに…」という意識が強くなると、子どもの立場に思いを寄せることがなくなり、他者への共感性が乏しくなってしまいます。子どもたちの過敏さや乱暴なことばの裏には『自分を分かってもらえていない』『受け入れられていない』『寂しい』という不満が強くあるのではないでしょうか。その寂しさを普段は封じ込んでいるのですが、何か注意されたり叱られたりすると、その不満や怒りは、子どもたちのねがいを屈折して表現されてしまうように思います。忙しいという漢字は「心を亡ぼす」と書きます。忙しさに追われるだけの生活が、どんなに子どもたちの心を閉ざしてしまっていたかを考えてみなければと思います。

## ＜つい、やってしまいがちな関わり＞

●子どもが話そうとすると「今忙しいから後でね」と言って後になっても聞いてあげない。

●子どもが話そうとする前に、一方的に大人の思いを押し付ける。

●つい口やかましくお説教し、自分のストレスを子どもにぶつけてしまう。

●会話にならない問いかけや答えにくい閉じた質問が多くて、子どもは、具体的に何を話せばいいのかわからずに終わってしまう。

# 3.
## 自分の思いを伝えられず、コミュニケーション力が弱いこと

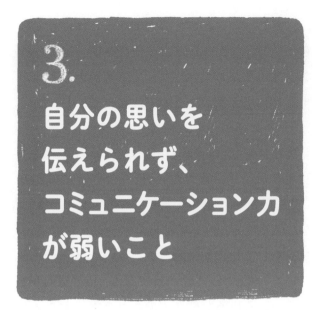

今、子どもたちに育ちそびれているのは、相手に対する共感能力が弱いことだと思います。この共感能力は、相手の心が分かる、人の心の痛みや喜びが分かるということで、対人関係における想像力と感性の発達が不可欠です。この共感能力が欠如しているためか、友達が何か失敗をして困っているのに「いーけないんだ、いけないんだ」「先生にゆっちゃう」「ばかだなあー」「だめだなあー」などと非難したり馬鹿にしてしまいます。

そうしたことばを発しなくても、困っている友達を横目に「わたし、知〜らない」といった態度でスゥーといなくなってしまう子もいます。

なぜ子どもたちの共感能力が育っていかないのでしょうか？

共感はまず、親との愛着関係から育まれます。泣いたり、喃語で訴えたり、乳児のことばにならないことばを、親身になってわかってもらい世話をしてもらう関係を築くこと。それによって「この人は自分のことを守り育ててくれる大

事な人」という印象を抱き、安心して自己表出し、人への信頼が生まれていきます。まさに一体感の世界です。乳児が泣くと「今、泣いたのは、一人でいたから寂しくなったのかな？それじゃあ、お母さんが抱っこしてあげましょうね」など…。母親、又はそれに代わる人に共感されてこそ、自分の気持ちを捉えることができ、人の気持ちを分かろうとするようになります。

寂しくなったのかな？

ところが子どもが自己主張をしたり、思い通りにならない体験からパニックになって泣いたり怒ったりするようになる2、3歳の時期を迎えると、（これも成長の道すじなのですが…）親子のぶつかり合いが始まり、どうしても親の要求を子どもに押し付ける傾向が出てしまいます。

「そんなことで泣くなんて弱虫、早く泣き止みなさい！」「残さないでちゃんと食べなさい」

「早く片付けをしなさい。しなかったら、おもちゃ捨てちゃうよ」など。

例えば、2歳の子どもがお母さんの所に走っていき、転んでしまったとします。膝から少し血が出て、その子は「痛い、痛い…」と泣いています。早く帰宅したいお母さんは「そんなの痛くない、痛くない。そんなことで泣くなんて弱虫ね、早く泣き止みなさい」と言います。

もしそんなときお母さんが「転んで痛かったんだね。膝を拭いてあげようね」などと言ってくれたら、子どもは母親に自分の思いを分かってもらえたことで、泣きたい感情が治まり、気持ちの切り替えができたかもしれません。

特に自分の要求やねがいを、まだことばで言えない3歳未満児にとって、自分の世話をしてくれる人から「寂しかったんだね」とか「悔し

い、悔しい」など自分の感情をことばにしてもらうことがなかったら、自分の感情を捉えられないばかりか、大きくなっても感情をことばにすることが苦手になるのではないでしょうか。

また『悔しい』『寂しい』などの感情表現が言えないで「ムカつく」「死んでやる」などのことばを発し、自分の気持ちに向き合おうとしないことも人とのコミュニケーションがぎくしゃくしてしまう要因です。「ムカつく」は『悔しい』『悲しい』『分かってほしい』『寂しい』などのいろいろな感情に分かれます。まずは子どもが今感じている感情をことばにし、共感する支援が必要です。

特に悲しみや怒りをことばにする支援が、最も求められます。大人が、パニックになっている子どもの感情を大きな器で受け止めていけば、その子の素直な気持ちが必ずや見えてきます。幼稚園教育要領や保育所保育指針の言葉のねらいは「経験したことや考えたことなどを自分なりの言葉で表現し、相手の話す言葉を聞こうとする意欲や態度を育て、言葉に関する感覚や言葉で表現する力を養う」です。幼い時から共感してもらってこそ自分の感情を捉えられるようになることを忘れてはいけないと考えています。

# 4.

# ことばの遅れ

　調布市や狛江市で「子どものことば相談室」や「発達教室"ぱる"」を開き幼児のことばの相談指導に長いことあたってこられた中川信子氏は、『健診とことばの相談』（ぶどう社 1998年）の中で、ことばに関する問題で「ことばの遅れ」が一番見極めが難しいと述べています。「ことばの遅れ」は、ことばだけの問題だけではなく、子どものこころの発達、子どもの生活、家族環境、もっと大きくいえば子どもを取り巻く地域の子育て環境など、全体を見る視点が必要になるからですと、その理由について述べています。さらに「ことばは生理的側面と同時に、人と人との間で成立する社会的産物であるという側面を持っており、文化背景の影響も受けます」と、述べられたうえで「ことばの発達」を次の4つに分けて説明しています。

（1）
**原因となる病気や障害が明確な「ことばの遅れ」**
難聴、脳性まひ、口蓋裂、中枢神経系の損傷による「ことばの遅れ」
（2）
**発達の遅れやアンバランスに伴う「ことばの遅れ」**
精神発達遅滞、自閉症を含む広汎性発達障害に伴う「ことばの遅れ」

その他
LD.（学習障害）の可能性のある子
多動症候群の子どもの「ことばの遅れ」
知的な遅れは顕著ではなく、「グレーゾーンの子ども」（ちょっと気になる子）の中には望ましい環境を用意し経過を追うと正常発達の範囲に入ってゆくことも多い。
（3）
**不良な言語環境に置かれたための「ことばの遅れ」**
両親が高度難聴者だったり、養育者の精神的な問題のため子どもとの関わりが保てなかったりする場合など。
（4）
**発達の個人差と考えられる「ことばの遅れ」**
原因となるはっきりした病気や障害がなく、精神発達や対人関係、ことばを含む生活全般にも大きな問題がみられないのにことばが遅れることがあるということです。1歳6か月児健診時には、ことばは出ていないけれども、行動面では問題なしと思われ、フォローしているうちにことばが増えて、2歳半から3歳の間には正常に追いついていくというような子どもたち。
（『健診とことばの相談』P.112〜113　ぶどう社）

　とても分かりやすい内容なので紹介させていただきました。
　ところが現在は「スマホ・テレビで　言葉遅れ」（NPO法人　食品と暮らしの安全基金）という冊子を書かれた小児科医師の片岡直樹氏は、「赤ちゃんのときに、スマホ、テレビなどの影響によって、話し言葉を獲得できず『言葉遅れ』『発達障害』と診断される子が激増している」ことを訴えています。冊子の「はじめに」

には次のように記述があります。

> 精神科の医師たちや小児科学会は「先天的な中枢神経の障害によって発達障害となる」と断定していますが、この40年で自閉症の子どもは50倍以上、ADHD（注意欠如多動性障害）LD（学習障害）などと診断される子どもたちは自閉症の何倍も増加しています。先天的な障害ならこれほど急増するわけはありません。発達障害の中心である自閉症のコミュニケーション障害は、後天的な話し言葉の獲得障害です。ことばが出ないと気づいても、3歳までならスマホ、テレビをやめ生後5〜6か月の赤ちゃんまで戻って親子関係を築く「育て直し」をすれば回復できます。
> （「スマホ・テレビで　言葉遅れ」NPO法人食品と暮らしの安全基金）

このように記載し、今日の情報機器による影響がいかに重大であるかを訴えています。これまで保育学会などでも片岡氏と同じような訴えが多々ありました。柳田邦夫氏も講演の際いつも「授乳中にメール、これは虐待に等しい」と訴えていました。ベネッセでは、スマホを持っている母親の半数が、その動画で赤ちゃんを泣き止ませているというデータを発表しています。

多くのお母さんたちは、孤立した環境の中で、子育てにとって何が大切なのかをよく知りません。と言うより伝えられていません。それでつい安易な情報に振り回されてしまいます。「ことばの遅れ」のある親子をどう支援するかは、今、子育て支援の現場では専門機関と連携しな

がら最優先のサポートが行われていることと思います。

# 5.
# 聞く力の弱さ

　ことばの問題で次に深刻なことが「聞く力が
弱くなっていること」です。街の騒音、大人の
イライラからくる不快なことば「早くしなさい」
「だめですよ」「いけません」など、耳を塞ぎた
くなることばが多すぎます。子どもが話し始め
たら「テレビが聞こえないから黙って食べなさ
い」と言われてしまったと話す子どももいまし
た。

　ギリシャのゼノンは「口は一つ、耳は二つ、
だから話す倍ききなさい」と言っています。大
人の聴く力のなさが子どもたちに影響している
ことは言うまでもありません。いずれにしても
現代は難聴の時代、心地良いことば体験こそが
ことばへの信頼、さらには人への信頼を育みま
す。ことばによるコミュニケーションが豊かに
なり、人と人との心が行き交う会話が気持ちよ
く成り立つような生活を回復するにはどうした
らよいのでしょうか。まず相手の言い分を聴く
力が不可欠だと思います。そのことについては
第3章で具体的に述べていきます。そちらをぜ
ひ読んでいただければと思います。

# 6. 子どもの ことばを聞き、 記録する意味

## ことばに見る子どもの内面の世界

　「子ども」…大人であれば誰もがみな過去に
くぐってきた世界ですが、その「子ども」とい
うことばをどう捉えるかは、人それぞれです。
私は保育所で多くの子どもに出会い、子どもの
発する「ことば」が、大人のそれとは違う感覚
を持って発せられることに気付かされました。

①今感じたことがことばになること、「ことば
が体から押し出されるものであること」。
<例>
保育者の対応が気に入
らないとき、鼻を吹き
出して怒ったさなちゃ
んのこと（P.30 第1章1
エピソード②参照）

②アニミズムの世界をもって周りのものと同等
に関わりながら、自己世界を広げ成長していく
こと。
　そのときどきにおける「アニミズムのことば
は、大人にはもちあわせない人間としてのやさ
しさという魅力を感じさせてくれました。

ひでき君（2歳）
「どうしてゴキブリきたないの
おかあちゃん　おふろにいれて
きれいにあろうたり」
（『幼児のつぶやきと成長』大月
書店）

夜空を見ながら
だいすけ君（4歳）「お母さん、星
がきれいだね、きっと神さまが
星みがいてんだよね」

泥団子を持って
ようこちゃん（5歳）
「したにおいちゃ　だめだよ、汚れるから」
（記録者　村田道子）

　子どものことばになぜか"ハッ"として思わ
ず書き留めずにはいられない気持ちになるので
した。書くことは、感動の保存と言われます。"忘
れてはいけない、ぜひ書いておかねば…"とい
う思いが書き留める行為になります。そういう
意味で、子どもたちのことばは、書かずにはい
られない行為を起こさせてくれたようです。

## ことばに見る子どもの感性の鋭さ

　文明が進めば進むほど、大人は、自然から離れ、人間だけの世界で生活していく傾向にあります。それは人間以外のものを排除していく過程だったかもしれません。文明が進めば進むほど、価値観が単一化し、人間の生活が類似していくことへの警告だったかもしれません。ところが、子どもたちが身近な虫や動物など自然界のものを同等に捉えて受け入れていくことを知り、「豊かさとは何か？」についてしみじみ考えさせられました。

　私たち大人は、子どもたちが成長していくその道筋を整える援助をしながら、実は大人が失いかけた子どもの世界を再発見し、より人間らしく生きる力を養っていけるのだ思います。そのためにも、子どもたちのことばから、子どもの内面、子どもの本音、子どもの世界を知りたいと思ったのです。「ことば」はその一つの手掛かりに過ぎません。しかし、聞き、記録することで、その子ならではの思いが伝わってくるから不思議です。他の子とは違うその子だけの感性の鋭さです。その子なりの世界を見つけ出す宝探しのようにワクワクした気持ちになれるから楽しいです。

毎月行なっている身体検査で、友達のおへそ
と自分のを比べながら、

ひびき君（5歳）
「せんせい、ぼくでべそなんだよね。なんででべ
そなんだろう？」

保育者
「う〜ん、なんでかしらね…」と、言いつつ、何
と答えようかと考えていたら…

ひびき君
「でもさ、でべそでよかったよ。だってお母さん
とつながっていた証拠だもん」

とものぶ君（4歳）
「せんめんじょに　かみもけ（髪の毛）が落ち
てね、おみずジャーしたら『イヤ〜ン』って
なったの。もっとジャ〜したら『キャ〜』っ
て、行っちゃた」

改めて「なぜ書くか？」と問われれば「大事
な出来事を忘れないため」です。保育者にとっ
て大事な出来事というのは、感動や発見、更に
疑問などです。書くことによって意識化するこ
とができた大事なことは、子ども理解の原動力
になります。また「疑問を持つことは問題（真理）
を発見する力」でもあり、そういう意味で書く
ことは、「問いに対する答えを探すこと」でも
あります。書く必然性がなく致し方なく書かれ
た記録ほど読んでいてつまらないものはないと
言われています。なぜならその保育者の感動や
考えが伝わってこないからです。心を動かされ
た事柄に対して記録を取る、それが自分自身を
捉えるきっかけにもなるからおもしろいです。

# 第1章

子どもが
ことばを獲得していく
ことの意味を
エピソードから
捉える

# 1. 自我形成
## 自我の発達にことばが どう関与しているか

### 「人間の誕生」

幼児期の発達の中心課題は、自我の発達にある」と言われています。A・ポルトマンによれば、赤ん坊が「オギャー」と生まれるのは生き物としての人の誕生であり、自我というものが表れるようになる1歳の時期を「人間の誕生」と呼んでいます。

### 「いやっ」「だめっ」

かつて保育者をしていた時、1歳児クラスを受け持つたびに私は、どうしてどの子もどの子もみんな「いやっ」「だめっ」といった拒否的なことばかり発するのかしら？　と不思議でなりませんでした。やがて1歳児クラスを数年受け持つようになって、そのことの意味を考え追究することで、やっとそのことばの意味が分かってきました。

### 自我の形成

まず自我に目覚める要件としてこの時期は、周囲の人やものにそれぞれ名前があるということが分かってきます。そして自分が誰であるかを認識することで、『自分は○○なんだ。もう赤ちゃんじゃないんだから自分で決めるんだ』などの自己意識（自我）が芽を吹き出します。さらに歩行ができるようになると、もう人を頼らなくても自分が自分の行きたいところに行ける、この喜びが行動の主体者として機能し始めるようです。

周囲の人や物に
それぞれ名前があることが分かる

りんご

ブーブー（くるま）

わんわん
（いぬ）

自分が誰であるか認識

あかちゃんじゃない！
じぶんできめる

自己意識（自我）が芽吹く

行動の主体者に

エピソード 1 たくや君 1歳6か月

# 「いやっ」「だめっ」と自己主張し、存在感をアピールする

たくや君は、保育者がやってあげることに対して何でも「いやっ、いやっ」と逃げ出すようになりました。

声を掛けると慌てて逃げ出します。

やだ

鼻が出たから拭いてあげようね

追いかけるとうれしそうにケラケラ笑って、いつまでも逃げています。

待て待て

お便所行こうね

いやっ

さあ着替えをしましょう

いやっ

何を言っても「いやっ」「いやっ」を連発します。

しばらくそっとしておくと、自分からやり始め、トイレに行くことや着替えること自体がいやだというわけではないようです。

## 考察

# この時期の自己主張は、発達にどういう意味を持つか?

これまで大人から促されてきたことをまずは拒み「自分で決めたい」「自分でしたい」という意志、つまりは自分で判断したいという力を発揮しようとするのでしょう。教育の目的は、「子どもたちに的確な判断力を養うこと」と言われていますが、こんなに幼い時期から、子ども自身で「決めたい」「選びたい」「自分を尊重して」と自己を主張し始めるわけです。どこまで自分の主張が通るものかを探っていることもあります。従って大人は、「いやじゃないでしょ!」「素直に言うことを聞きなさい」と一方的に押さえ込んでしまうのでなく一人ひとりの子どもの「いや」の訴えを見極めていく必要があります。

## 発達における自己主張の意味

### ①信頼感と自信

周囲の人とぶつかり合いながらも、自分の主張を認めてもらうことで「自分の要求やつもりを理解されている、大切にしてもらえる」という人への信頼感と、主張していくことは大事なことなのだという自信を育んでいきます。

### ②自分と相手の意図の違い

自分の意図(つもり)と相手の訴える意図の違いが分かってきます。

そして葛藤しつつも少しずつ相手を受け入れるようになっていきます。

### ③視野の広がり

自分を受け入れてもらえた喜びや他者の意図を理解できるようになるという視野の広がりが、人とのコミュニケーション力を育んでいく。

エピソード **2** さなえちゃん　2歳4か月

# 保育者の対応に鼻を噴き出して
# 抵抗したさなえちゃん

ともちゃんが棚から
取ろうとした絵本を、
「ちびの！」と言って
奪い取ったさなちゃん。

それはともちゃんが
見ようとした本
なんだから、
さなちゃんのじゃない。
ちゃんと返しなさい

と、強く
言い切った
ところ、

絵本をともちゃんに
返したものの…。

気持ちがおさまらず
絵本棚の本を
片っぱしから落とし、

それでもまだ気持ちが
おさまらないと言わんばかりに、
床にうつ伏して泣き、手足を
バタバタさせて怒り続けました。

私はともちゃんを膝にのせ、
さっきの絵本を読んで
あげていたのですが、
さなちゃんは、
その私の顔をにらみつけ、

今度は鼻を、何も出ていなかった鼻を、
わざと、ふーん、ふーんと噴き出して、
涙と鼻でくちゃくちゃの顔を
私に見せつけました。

考察 🌱
# 行動が子どもの自己表現、ことば以前のことばを読み取り、つながり合う

さなちゃんが、「ちびの！」（自分のことをちびと呼んでいたのですが）という一語で言い表したかったことばを、私は理解できなかったようです。一語に込められた思いは、よく分かりませんが、《わたしもこの本、好きだから見たい》という気持ちを、絵本を取り上げるという行為で示したのかもしれません。その気持ちが保育者である私に届かず、一方的に「返しなさい」と叱られ、悔しかったのでしょう。鼻まで噴出して異議を唱えたのです。

子どもによってはそんなとき、「いーだ」と言う子もいます。頬をふくらましプウッと息を吐き出す子もいます。鼻も息も「いーだ」と発することばも、みな相手の対応を拒もうとする子どもの全身が語ることばでした。心があふれてことばになること、すなわち、ことばが「心の使い」であることを見たように思いました。

さらに重要だったことは、「ちゃんと返しなさい」と、保育者である私から言われたとおり、彼女はちゃんと絵本は返したものの、それでは何としてもおさまらなかった気持ち、この対応には納得できない！　と訴える強い思いが存在していたことです。私に対して反発したい気持ちが鼻を噴き出させたのです。心があふれてことばになります。さなちゃんが噴出した鼻は、

まさにことばに代わることばだったのです。それにしてもあの鼻（ことば）を噴き出させて大人に向かう強い思いは何だったのか？　考えてみますと、それは紛れもなく、さなちゃんの我、大人とは違う自分なりの心の世界をもった自我だったのです。《わたしはそういうつもりじゃなかったのに！》と、主張したかった自己存在の証でした。

子どもたちにこの自我が育ってくると、ことばは単に「理解できたかどうか」だけでは済まされない、「我（自分）としてそのことばをどう聞き入れるか」「分かっていても自分としては納得できないから、聞き入れるわけにはいかない」など、他人のことばを選んで聞く、聞き分ける、判別するなどの作用が伴うことを学びました。

さなちゃんの鼻まで噴き出して私の対応のまずさを拒む強い自我の存在を知り、「自我の育ちと子どものことばの世界」の探求が始まりました。

子どもたちのことばには、いつも「自分がどう思っているか」という考えや感情が伴っています。人と人は、ことばをやり取りしながら、実は、そのことばに込められた気持ち（感情）に響き合うのだと思います。

エピソード
**3**

のぶお君　2歳7か月

# 葛藤こそ発達の原動力

いつも大好きな友達のりょう子ちゃんの隣に座って食事をするのぶお君。その日は「もっと遊ぶの」と主張し、後から来たため、りょう子ちゃんの隣にはすでにさとし君が。

のぶお君は、さとし君の椅子を押しのけるように主張し始めました。

「ここがいい！ここがいい！」

のぶちゃん、こっちの椅子が空いてるから今日はこっちで食べてね。おやつの時またりょう子ちゃんの隣で食べられるものね

大好きなりょう子ちゃんの隣で食べたい気持ちはわかるのですが、さとし君を動かしてまでも、のぶお君の主張を通すわけにはいかず…。

のぶお君は怒って椅子を倒し、激しく泣き出しました。床に腹ばいになり、手足をバタバタさせて泣くこと7、8分。

おなかがすいていたたまれなくなったのか、どんなに泣いても保育者が自分の要求を叶えてくれないということが分かったのか、あきらめて倒した椅子を元に戻し「ここで食べる…」と食事を始めました。

うれしいわ。のぶお君、自分で気持ちを切り替えられたのね

彼の取った態度を大いに認めました。

## 考察 🌱
# 「2歳のような5歳さん」「2歳のような小学生」にしないために！

　子どもに限らず人は誰でもみんな自分の思い通りにならない事態にぶつかり、他人の存在をいや応なしに意識する機会に出合います。2〜3歳児の場合、自我の育ちが著しく、自分のつもりがはっきりしてくればこそ、他人の意図とぶつかり合うようになります。とはいえ1、2歳児は自分の考えていること・つもりは、はっきりしていてもそれをまだことばで伝えられません。「何を怒っているの。ことばで言わなければわからないでしょ！」とよく大人に叱られていますが、3歳を過ぎる頃にならなければ思いを言葉で表現することは難しいのです。『分かってもらえない』といういら立ちも生じます。そんなとき心の糸がもつれてしまい混乱状態になります。パニックになると言われますが、それが「葛藤」です。

　幼い子どもの場合、長泣きや怒りの表出になります。大人から見ると葛藤はネガティブな感情の発露、わがままなどと捉えがちですが、その子が激しい感情を存分に吐露する行為によって、次第に感情の動揺は静まり、やがてどうしたらよいものかを考える兆しが見えてきます。おさまるまで時間がかかるのです。要するに泣いたり怒ったりすることは、実は感情の嵐を静める役割があったわけです。だから大人は「泣くんじゃない」「そんなに怒るんじゃない」と感情を抑止するのではなく「今一生懸命自分と闘っているのね。泣きたいときは存分に泣いていいのよ」「泣くと気持ちがおさまるものね」と、葛藤を肯定的に見て支えてほしいのです。子どもたちの成長のためには、泣くことも怒ることも大切です。幼い頃から人としてのいろいろな感情を体験してこそ、人の気持ちが分かる思いやりのある子に育っていくのではないでしょうか。

　2〜3歳ぐらいにかけて自分の思いが通らない困った事態・葛藤に出合いながらも、激しい感情表出の後、どうすればよいかを考え、自身で気持ちを立て直す力をどの子どもたちにも体得させたいものです。思い通りにならないと自分の感情をコントロールできず、すぐキレてしまう「2歳のような5歳さん」「2歳のような小学生」にしないために。

感情の 吐露

エピソード **4** みつる君　3歳5か月

# 自我意識の拡大・主体が輝きだす

みつる君は、登園するとすぐに園庭の泥んこコーナーに走って行き、昨日やった泥団子作りを始めました。

後から友達が集まってきて、誰が一番たくさん作ったかを競い合っているようでした。

給食の時間になると…

ねえねえ、ぼく昨日も泥団子作って、そいで今日も作ってまた明日もいっぱい作るんだあ。だってお団子作るの面白いんだもん

友達が聞いていなくてもお構いなしに夢中で話します。

保育者がみつる君のテーブルに着くと待ってましたと言わんばかりに同じ話。彼には誰よりも誰よりもたくさん作りたいというねがい・めあてがあったようです。

泥団子作りの何がおもしろかったのかしら？

いっぱいいっぱい作ったこと

## 考察 🌱
# 自分のめあてに向かって行動するようになる3歳児

　過去（昨日）、現在（今日）から未来へ（明日）、時の流れの中で自分が一貫した自分であることを自覚できるようになってくると子どもたちは、自分の未来（明日）に向けての自分のつもりやめあてをことばで表し、そのことばに向かって自分の行為を方向付けていくようになります。それも面白かったから、という理由付けのことばを使って、「自分が納得できたからやるんだ」という意思表示のことばが感じられます。そして2～3歳の頃多く聞かれた「見て見て」がこの時期になると「聞いて聞いて」に変わっていきます。「聞いて聞いて」と言いながら自分の体験をことばにまとめ伝えるというおしゃべりの楽しさを獲得していくようです。

　毎日の暮らしに合わせたことばが子どもの行為に沿って使われ、興味ある活動に繰り返し取り組むことで、「またやろうね」「明日も　泥んこやるんだ」とめあてをことばで表現するようになります。

　自分で目標（めあて）を立て、それを成し遂げようとする意欲が湧いてくる時期です。そういう意味で3歳から4歳にかけては、自我意識が拡大し、主体が輝きだす時期と言えましょう。

　夕方のお迎えのとき、子どもたちが「先生さようなら。また明日も来るからね」と言って帰っていきます。何でもないようなその一言が、保育者である私には、たまらなくうれしかったです。入園したての頃は泣いて怒って登園を拒んでいた子も、今は『我慢して来ているんじゃないよ。来たくって来てるんだよ』と言わんばかりの思いが込もっているからです。子どもたちからもらった心からの贈り物を、大切に受け取ってきました。

＊4歳～6歳頃までの幼児後期の子どもの自我の育ちについては2．自己統制力が養われる「エピソード5から」につながります。ご参照ください。

# 2. 自己統制力が養われる

## 学校でのいじめ問題と子どものSOS

10年くらい前から、小、中学生が学校など
で自分の感情を抑止できず、教師や友達に暴力
を振るうという問題行動がよく新聞に取り上げ
られてきました。いじめの問題も後を絶ちませ
ん。最近では特に小学校低学年の子どもたちの
いじめや暴力が増えているようです。小学校低
学年でも携帯やスマホ、テレビゲームに夢中に
なりその結果、家族や友達と共感し合うことば
や表現力が乏しくなり、自分の気持ちが相手に
伝わらなかったりすると、すぐにアレたり、キ
レたりしてしまうのではないかと考えられま
す。このような子どもたちの問題行動は、大人
たちへのSOSではないでしょうか。

感情をことばで言い表しづらい子どもほど乱
暴な行為で人に感情をぶつけてしまいます。や
り場のないイライラが他者を攻撃する力になっ
て周囲の人に向けられてしまうようです。どう

して自分の感情をことばで伝えることがままな
らなくなっているのでしょう。日常生活の中で
幼い時からありのままの感情、気持ちのありよ
うを大人に理解してもらい、ラベリング（言語
化）してもらうことが欠けていたのではないか
と思います。大人の生活が忙しすぎたり、そう
でなくても大人中心の生活に傾倒し、子どもが
「ねえねえ…」と話しだしても、何か困ったこ
とを訴えようとしても、じっくり向き合って聴
いてもらうことが少なかったのではないでしょ
うか。情報機器に気を取られながら、その子の
目を見ることもなく返事をしたり、「それは悔
しかったね」と共感してもらえずに「そんなこ
とで泣くなんて弱虫ね」と反対に非難されたり
…。それで子どもたちは段々、大人に話しても
分かってもらえないと感じ、話さなくなってし
まったのではないでしょうか。自分の真実のこ
とばを聴いてもらう体験がなくなってくると、

自分の今の感情の認知や、自分の本当の求めを追求する力が失われていきます。そのことに対するSOSを子どもたちが発信しているのだと思います。

## ことばを獲得し、自己抑制していく

　子どもはことばを獲得しながら自分の考えや気持ちを表現する力を養っていきます。自分の考えていることや感情が人に伝わる・分かってもらえるとその感情は活性化します。さらに感情をことばに置き換えるという行為は、感情をそのまま相手にぶつけるのと異なり、「わたしは怒ってるの」と少し客体化した形で相手に伝え、同時に自分でも客観的に自分の感情を捉えなおすことになります。自分の感情について考えることができるようになることは、他者の感情についても考えられるようになることを意味します。子どもたちには今、親身になって話を聞き、自分の感情をことばで表現できるようにする支援が最も重要だと思っています。

　「ことばは、情動や行動の喚起や抑止に指令的役割を果たしていく発達過程の中でも、とくに後者のはたらき、つまり、自己のことばを用いて自己の行動を抑止し、保留できること（中略）それは子どもの自律の確立の基礎をなすきわめて重要なはたらきであろう」
（『子どもとことば』岡本夏木　岩波新書　171頁）

　自律というのは、自らの判断で自己の行動を律することです。要するに自分で自分に必要な指示を出し、それなりの行動をとることだと思います。自我の発達が促され、様々な葛藤を繰り返しながら子どもは、自分だけではない、他者の意図も理解しながら自己世界を広げ自律を育んでいきます。子どもたちのことばの記録をじっくり読みなおしてみると、確かにことばの獲得によって自己抑制ができるようになっていく成長の過程を見ることができます。

## 2. 自己統制力が養われる

 エピソード **1**　たろう君　2歳7か月 　のぞむ君　2歳10か月

# 自分の願望を表すことばが言える ようになると乱暴な行為が減少する

たろう君が椅子を一列に並べ、
最前席に座って運転手になったつもりで機嫌よく遊んでいました。
その様子を遠くでじっと見ていたのぞむ君は…。

> バチュ（バス）でちゅよ
> ブッブー

> のぞむも
> やってみたいな…
> のぞむもやって…
> みたいな…

## 考察 🌱

# 自分の気持ちを言語化し、
# 自己確認を強める

　１～２か月前までは、そのような場面に出合おうものなら「のぞむも！」と言って真っ先に走り寄り、たろう君を押しのけ運転手になっていたのぞむ君でしたが『ぼくものってみたい』という願望・ねがいをことばで表現できるようになっただけ、自分の行動を抑止しているのではないかと考えました。

　もちろん以前から、友達の物を奪い取ると保育者から「○○ちゃんが今遊んでいるから取らないでね。のぞむ君も同じように椅子で電車を作ってみたら…先生もお手伝いするよ」などと言われてきたので友達の物を奪い取らなくても思いが叶うことが少しずつ分かってきたのかもしれませんが、それにしても『やってみたい』

という気持ちを素直に言えるようになったので、それだけ衝動的な行動は抑えられるようになってきたのだと感じました。１、２歳児クラスでは、まだのぞむ君のように自分のねがいをことばで言い表せない子が大勢います。だからこそ物の奪い合いやトラブルが多くなるわけです。が、仲立ちに入った保育者はまず両者のねがい・どうしたかったのかを理解し言語化することで、子どもは『すぐに人が持っている物を取ってしまう乱暴なぼくではなく、本当はお友達と遊びたかったぼくだったんだ』などと、自己確認を強め、さらに相手の思っていることまで理解できるチャンスになります。

エピソード 2

とも子ちゃん　2歳6か月 　すみ子ちゃん　2歳6か月

# 悪たれことばの効用と
# 「やっぱし」ということばの獲得

すみ子ちゃんが持っていた絵本を取ろうとした
とも子ちゃん。

それは困るな…
すみちゃんが見たかった
絵本でしょう

すみちゃん　いーだ、
せんせい　いーだ。
ともちゃん、
いちご組（隣の1歳児組のこと）
いっちゃう！

部屋から出て行って
しまいました。

でも、すぐ戻ってきて、

ともちゃん、やっぱし
もも組（自分の部屋）で
あーそぶ

考察 🌱

# 「やっぱし」ということばで、自分で気持ちの立て直しができたことを表す

　2歳を過ぎた頃から、感情を激しく表し、長泣きの横綱格だったとも子ちゃんが、保育者に注意されても、「いーだ」というような悪たれことばを発して自分の気持ちをぶつけ、それですぐにすっきりして気持ちの切り替えができるようになりました。「ばーか」「あっかんべえ」「もう遊んでやんない」子どもたちはこんなことばが大好きです。こういうことばを相手にぶつけながらいやな気持ちを昇華できるのなら、悪たれことばもそれなりの役割を担い、果たしていると言えるのかもしれません。「そんなこと言っちゃいけません」と否定せず聞き流してやることもあり…でしょうか？

　2歳から3歳にかけ、伝えたい思い、話したいことばが言えるようになると、そのことばを使ってみたくて何かと口にしてうれしそうな表情を見せてくれます。例えば、保育者がちょっと先走って手出しをしようものなら「ともちゃんが、やるのに、ともちゃんが自分でしてたのに」と、のにの連発です。さらにおおよそ2歳半から3歳にかけて自分で気持ちの切り替えができるようになると、いったんは強く拒んでおきながら「やっぱし　もうごはん食べる」「やっぱ　お片付けする」などと自分で気持ちの切り替えができたことをちょっと得意げに伝えます。『ぼく、我慢できたの。大きくなったんだもん』と言いたい心境なのでしょう。「やっぱし」ということばは、自律に向かう大切なことばです。そんなときこそ、「○○ちゃん、我慢できたのね、ほんとにお兄さんになったね」などと自己統制力の芽生えを大いに認めたいものです。

ともちゃんが
やるのに！

やっぱし
おかたづけする

エピソード **3**　はなこちゃん　2歳8か月

# ことばを羅列し、感情をおさめる

7月に途中入園したはなこちゃん。はじめの1週間は、母親と別れるとき毎日激しく泣き続けました。

おかあちゃんくる？
おかあちゃんくる？
おかあちゃんくる？
おかあちゃんくる？
おかあちゃんくる？

ところが10日目ぐらいからはしゃくりあげながらも、おまじないを唱えるように何度も何度も繰り返すようになりました。

お母さん、夕方になったら必ずお迎えに来てくれるからね

ごはんたべてえ…
おひるねしてえ…
おやつたべてえ…
そいでおやつたべてえ…
せんせいとあそんでえ…
そうするとおかあちゃんくる？

はなこちゃんは、これまでに自分が体験してきた園生活の1日の流れを、ことばで羅列し、これをまた何度も繰り返し、不安を解消していきました。

考察
# ことばを羅列しながら
# 自分の感情や思考を整理する

入園という大きな不安を抱えたはなこちゃんは、はじめは泣くことでしか自分の不安を解消する手立てはなかったようですが、10日間生活するうちに、時間がたてば（夕方になれば）母親が迎えに来てくれるという見通しだけはもてるようになってきたのでしょう。そこで1日の流れをことばにして並べ、追体験しながら、母親が迎えに来てくれるまでを何とか我慢しようと自分に言い聞かせている姿ではないかと、いじらしく感じました。

3歳前後になると子どもたちは、ことばを羅列しながら自分の感情や思考を整理しているのではないかと思える姿を見ることがあります。「〜と　〜と　〜と…」自分の頭の中にしまっておいた知識やことばを取り出しながら、それを表現することによって確かめているようです。

ゆうかちゃん（3歳8か月）は、園庭でアリが巣に入っていくのをじっと見ながら「こっちにも　あながある。ちっちゃいあな…。きっとここはねるところ、ここはおりょうりのところ、ここはドアーで、おとうさん　べんきょうするところ、こっちはおとうさん　しごとするところ、こっちはほいくえんのところ」家の中にどんな部屋があるか、アリの巣と自分の家の間取りを重ねながら知っている限りの部屋について語っていました。ことばで考える時代に移行しつつあるのかなと思いました。

エピソード

**4** のぶひろ君　3歳

# 「食べた　つもり」になって我慢する

散歩から帰ってくると、子どもたちは先を争うように食卓に着きました。

はやくごはんたべたい

おなかすいた

保育者がテーブルを拭き食事を配っていると、のぶひろ君は手を膝にやって『早く食べたい。だけどぼく　我慢してるんだあ』と言わんばかりの表情と身振りが感じられました。

保育者がのぶひろ君のお茶を配膳台まで取りに行こうと背を向けた瞬間、彼はテーブルの下に押しやっていた手を、すっと出して大好きな肉の唐揚げをつまみ、あむあむと食べる振りをして、手早く唐揚げをもとの器に戻しました。

そして隣に座った仲良しのりょう君の顔を見て、いかにも『やったぞ』と言わんばかりの笑顔になりました。

考察

# 想像力の働きによっていやな現実を乗り越える

　のぶひろ君のとっさの行為を見た私は、あまりの素早さに驚くと同時に、心につかえていたものが何かストンと落ちるような気がしました。日頃子どもたちがいろいろな人の振りをしたりするのはなぜなのかしら？　という疑問が一つ解けたような気がしました。「子どもたちの行為はことばに代わることば」。その行為の意味を読み取ることによって、その子の行為（ことば）の背後にある心の動き・ねがいやつもり・本当の求めを知ることができるわけです。

　子どもはいいことをするにも悪いことをするにもいつも本気です。例えば、給食のとき、寝た振りをする子は、「食べたくないから減らして」と言えばいいものを、ことばで言うと「じゃあ半分だけね」などとどうしても食べなければならない状況に追い込まれるわけです。それでは『このおかずはみんな食べたくないの』という自分のねがいは叶えられないことが分かっているので『寝ちゃったから何にも食べられないの』というつもりになっているわけです。

　のぶひろ君は、じいっと我慢していた唐揚げを、食べたつもりになって、すなわち自分で"うそっこの世界"（虚構の世界）をつくって食べ味わい、"ああ　おいしかった"と満たされて現実に戻ります。つまみ食いではなく、食べた振りをしてすぐに器に返したのです。食べたくてしょうがない気持ちを、『うそっこに食べるだけだよ…』と虚構の世界を生み出すことによって一刻も早く食べたい気持ちをコントロールしているようです。それを一瞬の間に、見つかったら大変だぞ……というスリルを味わいながら本気でやってのけるから愉快です。

　人はつらいことに出会うと想像力の働きによって虚構の世界を創り出し、つらいいやな事態を乗り越えようとすると、学んだことがありました。何と知恵のある子どもたち！　この「想像力の働きによっていやな現実を乗り越える」という人間だけに与えられた知恵を、子どもたちは誰からいつ、受け継いできたのでしょう？本当に不思議です。

エピソード **5**　ひびき君　5歳 　けいた君　5歳

# けんか（葛藤）を経験しながら、気持ちを調整し自己統制していく

4歳児クラスのひびき君とけいた君。つかみ合いの激しいけんかを始めました。

ひびき君が泣き顔に変わっていくと、仲良しのしゅうや君が代わり、けいた君の相手を引き受けました。

その後、しゅうや君とひびき君はまた交代し、かなり長いこと組み合っていましたが、とうとう2人とも力尽きてしまいました。周りの子どもたちが、担任の私を呼びにきました。

けいた君は、しゃくりあげながら何やら訴えますが、ことばになりません。ひびき君には、けいた君の言わんとすることが分かるようで…。

ちがうぞ！　ぼくが友達からもらったマツボックリを、けいた君が取っちゃったんだよ

だって、ここに（円筒の中）入ってたのをぼくが見つけたんだもん

ひびき君が、そこに入れたんだから

話を聞いてみると…ひびき君がマツボックリを円筒に入れ、友達とどこかで遊んでいる間に、けいた君がそれを見つけ、自分のだと言い張ったことでけんかになったわけです。話してみれば、けいた君にはひびき君が円筒に入れたマツボックリであったことが分かり、ひびき君には、けいた君が決して取ろうとしたのではなかったことが分かりました。

ふたりとも言っていることは間違っていなかったね。さて、それでこのマツボックリどうする？

いいよ、けいた君にあげる

ありがとう

## 考察 🌱
# けんかやトラブルを通して育つ
# 対人関係

　4、5歳の子どもたちは、まだまだこのように話せばすぐわかるようなことで、けんかをします。日頃ことばで互いの意思の疎通を図ることは、何と大変なことでしょう。しかし、そこには互いの主張があるからこそけんかになります。けんかはまさに「自己主張と自己主張のぶつかり合い」です。けんかになる前に、いち早くお互いの言い分を保育者が聞いてけんかにならないよう対応する場面をよく見ます。が、私は全力でぶつかり合うからこそ、相手がいかに真剣に訴えているのか、双方とも自分の訴えや言い分があることが実感できるのだと思います。

　けんかは、自分とは違う異質な相手の意図を、自分に取り込んでいく機会です。激しく闘いながらけんかの限界を感じ、自分が正しいと思っていることでも、さまざまな矛盾や問題があることを知り、相手の主張を受け止められるようになっていきます。もちろんけがにつながるような、乱暴な行為は止めなければなりませんが、取っ組み合いになったからと言ってすぐに止めることはないと思っています。全力で相手に向かっていった後は、お互い自分の感情の整理がつき、相手のことも考えようとする余地が生まれるようになることを見てきました。

　けんかを通して、相手への恨みや憎しみが増幅するようなことだけは、避けなくてはと思います。とことん闘った後、仲介者によって裁かれる結果になってしまうと、けんかは後味の悪いものになってしまいます。互いの気持ちの中に入り込んで、互いの感情や主張、立場が見えるよう働きかけることで、けんかは、相手をまた自分に組み込んでいく力、思いやりになっていくことを確信します。そして友達とぶつかり合っても大丈夫、安心だと思える関係を築きたいものです。そういう意味で保育者はどっちが正しい、どっちが悪いといった判決を下す裁判官にならず、互いの気持ちを聞き合う解説者にと言われてきました。すなわち保育者はどこまでも、仲間関係の成立を保障する立場でありたいものです。

互いの気持ちを　聞き合う解説者

エピソード **6**　たかし君　5歳 　りえちゃん　5歳　ひかる君　5歳
とも君　6歳　やす子ちゃん　6歳

# " いやだけれど…やるか "

1月、4歳児クラスでは5歳児さんがやっていたウサギの飼育当番に2人ずつ加わって一緒にやることになっていました。

その日のウサギ当番のたかし君とりえちゃん。

ウサギ当番か…いやだな

たかし君、もう年長さんがお迎えに来るよ。早く行こう

たかし君は椅子に座ったままで動こうとしません。

仲良しのひかる君が来て、

ぼくはウサギ当番好きだよ。たかし君は何でいやなの？

だってミミやエミんとこは、臭くて汚いんだもん

そこに5歳児クラスのとも君とやす子ちゃん。これまでの3人のやり取りを聞き…。

お当番になったら、みんな交代でやらなくっちゃいけないんだよ

年長組さんが、やりかた優しく教えてくれるって先生が言ってたよ。だから大丈夫だよ

だって…いやなんだもん

するととも君が説得するように言いました。

ねえ、たかし君。ウサギのミミやエミはうんこしても自分でお掃除できないんだよ。もしだれもお掃除してやらなかったら、どうなっちゃう？　ウサギ小屋がお便所みたいにうんこだらけになっちゃうでしょ。だから小屋をきれいにしてやって、お野菜あげるとミミやエミは喜んで食べるでしょ。うんこだらけの汚いとこじゃあ食べられないもんね

そいじゃあ、いやだけど…やるか

考察 🌱

# 4～5歳になると、自分が納得できれば、いやでもやろうとする自己統制力が養われる

いやだなと思っていることを「お当番なんだからやらなくちゃあいけないんだよ」と言われてもやる気になれなかったたかし君でしたが、とも君からウサギ当番がなぜ必要なのか、納得できる話を聞けたことが彼の気持ちを動かしたのだと思います。臭いからやりたくないと逃げてしまう自分と、臭くても当番の仕事をしないとウサギたちがかわいそうだから、当番になった以上掃除をしなくてはと挑戦してみる自分、その両方の自分を比較し、より良い自分を選ぼうとする姿がこの時期の子どもたちの自己統制力の育ちを促します。その原動力は、因果関係や物事の理由を考え、分かる力すなわちことばの発達だと考えられます。

「お野菜は嫌いだけど、なぜ食べなければならないか分かれば、いやだけれども我慢して食べる」「夜、歯磨きするのはめんどくさい、だけど寝ている間に虫歯のミュータンスが歯に穴をあけてしまうと困るから、歯を磨こうっと」「跳び箱は苦手だけど、○○ちゃんみたいに練習すると跳べるようになっていくみたいだから、ぼくもいやだけどやってみるか」

りえちゃん（4歳）は、小運動のかけっこで、友達に負けてしまいました。その悔しさを帰り道、母親に訴えるように言いました。「かけっこ　するんだ。とうた君（友達）なんかに負け

ない！　お魚たくさん食べて、速く走るんだ。お母さん、今日お魚にしてちょうだい。こんにゃうろう、こんにゃうろう」。彼女は、自分の嫌いな魚を食べること、つまり自分のいやなことを我慢すればねがいを達成できると信じているようです。

この時期、子どもたちは一つひとつの事柄にぶつかりながら「何でやらなくっちゃいけないの？」とその理由を考え、質問し、理解できれば、その意味にふさわしい事柄を選択し、我慢してもやろうとする意志が芽生えてきます。いやだけれど、苦手だけれど我慢してやってみようというマイナスを、プラスに変えていこうとする意欲こそ「生きる力」ではないでしょうか。そのような姿を感じたら我々大人は、感動をもって子どもの成長の喜びを共にしたいものです。が、忙しい生活に追われているとつい「つべこべ言わずにやりなさい」「理屈っぽくなってきたね」などとせっかくの子どもからの質問を否定的に捉えてしまうこともあります。「いい質問だね、なぜかしらね。一緒に考えてみよう」と会話やコミュニケーションのチャンスとして受け止めていくことで、子どもたちはますます物事の仕組みや関係性それに本質的な理由・意味合いを追求していこうとする探究心が強くなっていくのではないでしょうか。

 エピソード **7**

みよちゃん 6歳  ゆたか君 5歳  みつる君 5歳

# もしも…（仮定形のことば）を使って相手の立場になって考える＝客観的自我の育ち

8月に『おこりじぞう』（作：山口勇子　絵：四国五郎　金の星社）の絵本を何度も繰り返し読んでもらった5歳児たちは、心に強く残るものがあったようです。

9月の中旬、園のテラスにテーブルを出し、食事をしていた時、

広島の人は、原子爆弾でもっともっと暑かったんだよね

本当に暑いね　まるでオーブントースターの中にいるみたいだね

そうだよ。もしぼくたちが広島の人だったらもう死んでたんだよ

## 考察 🌱

# 「もしも…」ということばによって自分と 対象を置き換えて考えることが可能になる

私のことばの記録では、5歳児クラスになってからでないと、この「もしも…」ということばはほとんど出てきませんでした。ところが5～6歳になると時々この仮定形のことばが聞かれるようになります。

節水で、ずっとプールに入れなかった夏。

もしも私が
神さまだったら、
いっぱい雨降らせ
ちゃうのに…

クラスの女の子たちが遊んでいると、友達の嫌がることばかりしていたいさむ君（6歳）が…

ガオー！

いさむ君はまた
みんなの邪魔を
しているのね

彼を廊下に
引っ張り出し、
お説教をし始めると…

もしもわたしが
今井先生だったら、
いさむ君のこと
そんなふうに
怒らない

ほんとはいさむ君
私たちと
遊びたかったんだよ

彼の行動の本当の意味を
理解していたことに
"はっ"としました。

自分は自分なのだと認めたうえで、「もしわたしが先生だったら…」と相手の立場に自分を置き換えて考えてみる体験、すなわち、自分を相手に置き換えて、相手の立場になって考えること、それこそ私たちが子どもに求めていることではなかったでしょうか。自分を客観視できるようになっていくその入り口に子どもたちは立っています。「もしも～だったら」ということばによって、自分と対象を置き換えてみることが可能になり、相手の立場に立って考えられるよう成長してきました。

なぜ私たちは、子どもを理解しなくてはならないか？ ということを考えてみますと、それは子どもたちが大人になったとき、相手の身になって考えられる大人になってほしいと願うからです。成長し、相手の立場になって考えられる人は、幼い時期、自分をしっかり受容され理解された経験がある子だからです。さらに自分を理解してもらえた喜びが、自分を見いだし、相手も受け入れる力に広がっていくのだと思っています。子どもたちの思いがけない成長ぶりを知るとともに、このことは私の忘れられない保育の宝物になりました。

エピソード **8** ゆういち君 6歳

## 自己統制力の育ちに
## 欠くことができない内言の育ち

3月の卒業遠足。
ゆういち君は、せっかくお母さんに
作ってもらったお弁当を少し食べただけで
ふたを閉めようとしたのですが、
しばし何やらつぶやいて、
またお弁当を食べ始めました。

もう
食べない…

ゆういち君、
いま何て言ったの？

先生、食べ物粗末に
しちゃあいけないんだ
よね。子どもたちが、
いっぱい死んじゃうの
…食べ物なくて

そう。ゆういち君は食べ物を
粗末にしてはいけない
なんてよく知ってるのね

そうだよ。
お母さんがいっつも
ぼくに言うんだ

園に着いて、お迎えに来てくれた彼のお母さんにその話をすると…

小さいときから好き嫌いが多くて、
「またお野菜が入ってる、ぼく食べな
いからね」なんて言っていたので、
何とかして食べ物がないアフリカや
貧しいアジアの子どもたちのことを
考え、自分で嫌いな物でも食べられ
るようになってもらえないかと、よ
く言い聞かせていたんです。そうい
う写真が載っている雑誌やテレビを
見せたりしたこともありました。

お母さんの話をうれしそうに
「そうだよ。そうだよ」と言いながら
聞いていました。

考察 🌱

# 日常会話を豊かにし、内言を育む

　ゆういち君がお弁当をちょっとだけ食べてしまおうとした時、お母さんは遠足についてきてはいませんが、いつもの「食べ物を粗末にしてはいけませんよ。アフリカやアジアでは…」と繰り返し話すお母さんのことばを思い出し、"そう、食べ物捨てるなんていけないんだ"というブレーキになったのではないでしょうか。岡本夏木氏は『ことばと発達』の中で述べています。

> 「おそらく一次的ことばでの話し相手が自分の中に取り入れられるとともに、それが自分を分化させ、そこに自分の中で話し合うもう一人の自分を形成してゆくのではなかろうか」(『ことばと発達』 岡本夏木 岩波書店)

　内言というのは、自分の対話の相手だった他者のことばが内化されていって、もう一人の自分になり心の中で語り掛けるようになることだとすれば、日常の中で大人が一人ひとりの子どもと丁寧に会話することがいかに大切か、考えないわけにはいきません。

　この自己内対話は多くの場合、他人に話し掛けるのでなく独り言として現われるようです。ことばが自分の行動を調整するだけでなく、「どうしてかというと…」「それでどうしたらい?」などと自分の中で、話し手と聞き手の二役をなし、考えたり納得する手立てにもなっています。

5歳のゆたか君はブロックで何か作りながら

くびってね、ただ仕事やめるだけなんだって…。くびきられるってことも、仕事やめるだけのこと…くびになるのとおんなじ…

お母さんにこの話をすると、前の晩、両親が知人の話をしたそうです。

○○さん、くびになったらしいわよ。あそこの会社はよく首切りするから云々…

大人が日頃、何げなく話していることばを、子どもたちがどんな思いで聞き留めるものであるか、考えないわけにはいきませんでした。

　現在は大人と子どもの日常会話が激減し、内言機能が阻まれていることが、深刻な問題だと思います。

# 3. 他者との関係を築く コミュニケーション力が 養われる

## 「人と関わる力の基礎」とは

　幼児期には、子どもたちが将来「人と関わることのできる力の基礎を育てておくこと」が何より重要なことだと思います。それではこの、「人と関わる力の基礎」とは何を意味するのでしょうか？　人は、人間的な環境の中で育たないと人間になれないといわれますが、単に社会適応の良さとか、人付き合いが上手などのことを指すのではなく、人間同士の心のふれあいが十分にある環境を意味するのではないでしょうか。今日は、便利な機械や多様なメディア機器が横行し、人と人との触れ合いが激減しています。

　さてこの人間同士の心のふれあいということが最優先されるのが、乳児との関わりです。乳児はまだ自分の欲求やねがいをことばでは伝えられません。泣いたり、笑ったりなどの表情で訴えます。そのことばにならない訴えを母親や保育者は「どうしたの？　おなかがすいたのかしら？　それともおむつが濡れて気持ちが悪くなって泣いたのかしら？」などと語り掛けながら、乳児の本当の訴えを聞き取っています。いえ、聞き取ろうとしています。乳児は自分としっかり向き合い、自分の要求や気持ちを受け止め

てくれる温かい人間関係の中でその人と気持ちのやり取り、心と心が通い合うコミュニケーションを体験していきます。この豊かな感情交流の積み重ねが、乳児にとっての心理的基地・心のよりどころ・愛着対象になっていきます。

　「人間の心は大切なものから発達する」と学生時代に心理学で学んだことを今でも忘れることがありません。『人っていいな。人と一緒に生きていれば安心できる。生まれてきてよかった』そう思って自分の全存在を母親、あるいは保育者に委ねるのです。特定の大人に安心して甘えられるようになり、自己発揮していきます。まずは、安心できる人間関係を築くこと、愛着の形成です。

> 「自分の心は自分だけの力で育てることはできない。周りの大人がその子のことをどう思うかにかかっている。つまり自分の心は、自分のものでありながら、周りの人との関係を潜り抜けることなくしては成り立たない」（鯨岡　峻氏の講演記録より）

## 孤立の子育ての不安

　ところが今は、少子化社会、少子化時代に育ってきた子どもたちが親となり子育てに関わる時期を迎えています。子育ての伝承もなく、地域の養育力も失われ、「常識」として共有したい育児文化がなくなり、孤立の子育てが進行する中で子どもの発達や育児のことが分からずに悩みを抱える親の不安はいかばかりでしょう。ところがその育児に関わる親で、スマートフォンを利用している人の半数が、子どもをあやすために動画やアプリを利用しているというデータがベネッセのインターネット調査で報告されています。人の心と心が深く通い合ってほしい最も大切な乳児期のコミュニケーションに動画やアプリが使われていること、痛烈な事態だと感じます。

## 「分かち合う」「分け合う」

　さて、人は誰でもこれまでなかなか理解できなかった人と和解できると、深い喜びを得ます。また、ぶつかり合いを経て、お互い本当の気持ちが見えてくると心のしこりも消えてしまいます。さらに何度も語り合って、やっと分かち合える関係になるとその喜びは人としてかけがえのないものになります。

　そのようなコミュニケーションにたどりつくまでには、1章の1、エピソード3でも書きま

したが、人間同士の「葛藤」は、やはり最も重要な体験になると思います。人間関係においてトラブルがない方がいいと思っている人もいますが、時にはつまずき傷ついたり、苦しみを味わったり、葛藤を経験しながら、その回復の仕方を学び、本当の意味での社会性が育っていくのだと思います。コミュニケーションということばは、すっかり私たちの生活に溶け込んでいます。

> 「コミュニケーションには多様な意味がある。「情報伝達」「意思の疎通」「会話」「理解しあうこと」など。その語源を当たってみると一言で言えば「分かち合い」であった。あるいは「共有」
> ─中略─　コミュニケーションの本質は、分け合いだったのだ！」（『＜聞く力＞を鍛える』伊藤進著　講談社現代新書）

　「分かち合い」「分け合う」とても納得のできる語源だと感じました。それでは幼い子どもたちは、どのように人と気持ちやつもりの分かち合いをしていくのでしょうか？

エピソード **1** まさと君 5か月

# 笑い合う

## 考察

# 笑い合う、感情や気持ちがつながり合う劇的な出来事

　まさと君と初めて気持ちが通じ合えたあの瞬間を今でも忘れることがありません。笑顔や笑い声は、乳児期前半の重要な発達課題だといわれます。保育者の『やっとミルクを飲んでくれた。よかった！』という喜びをまさと君は、笑顔で返してくれたのです。「笑いの共有」が成立したのです。相手と融合した関係の中で生じてくる、感情や気持ちがつながり合う劇的な出来事です。

　表情は、ことばの原初的なものだといわれます。まさと君はその表情で『あなたを受け入れたい』とメッセージを送ってくれました。ことばは心からあふれ出るものです。『ミルク飲んだよ』という快の気持ちが笑顔になって語り掛けてくれたのかもしれません。

　２０数年前頃から上記のような場面で乳児と目が合わず、心のやり取りがしにくいという訴えを保育者の方々から聞くようになりました。なぜでしょうか？　授乳の際、母親がテレビを見ていたり、メールを打っていたりすることがその要因になっているのではないかといわれてきました。乳児にとって授乳は、単に栄養の摂取だけでなく、自分の要求をしっかり受け止めてくれる人に、しっかり抱かれたいという愛着行為の求めでもあります。さらに人間の赤ちゃんだけが授乳中に小休止して、じっと飲ませてくれる人の顔を見るのだそうです。おっぱいやミルクを飲みたくなくなったというわけではありません。

> 「授乳中、休止期間に入ると母親は、皆おしなべて優しく細かに赤ちゃんを揺さぶるのである。赤ちゃんが次に乳首を吸う動作を再開するタイミングは、ひとえにお母さんの刺激が終了するかにかかっている。この行動機能は、母親との相互作用の迅速な成立以外にはあり得ない。ヒトはエネルギー摂取を犠牲にしてまでも、くちびるによるコミュニケーションに重点が置かれるようになっているのである」（『０歳児がことばを獲得するとき』正高信男　中公新書）

　栄養補給より、コミュニケーションを優先する赤ちゃんのねがい、赤ちゃんは皆、人と響き合いたいというねがいを持って生まれてくるのだと思っています。そこに人間としての真実をうかがい知ることができるような気がしてなりません。

　今日では、母親と乳児の愛着関係だけでなく、母親に代わる人、例えば保育者と乳児の愛着関係が、担当制など保育のいろいろな営みで築かれるようになっていることが注目されています。

エピソード
2　　よしお君　1歳11か月 　さやちゃん　1歳10か月

# 1歳児に見る他児とのやり取り

## 考察 🌱
# 子ども同士の関わりは、保育者と子どもの関わりがモデルになっている

子どもは、保育者のすることを実によく見ていて、それを思い浮かべながら再現しているのでしょうか。本当によく似た表情や口調でした。子ども同士の関わりも、やはり保育者と子どもの関わりのありようがモデルになっていると考えさせられたことです。

それにしても泣いているよしお君の気持ちが分かって「これ　いいの？（これが欲しいの？）」と確かめて聞くさやちゃんには驚いてしまいます。相手の気持ちを理解できてこそ、相手の気持ちにかみ合うような働きかけが可能になるわけです。かつて0、1、2歳児の集団保育はモノの奪い合いや非友好的関係しか起こらないという見方がなされ、子どもがかわいそうだと否定されてきた時代がありました。しかし今日では、0、1、2歳児が共に暮らす中で、相互交渉が見られ、義兄弟のようなほほえましい関係性が生じてきていることが多くの実践を通して語られるようになりました。

乳児はまず、保育者との関わりが安定してくると、他児に目を向けるようになるのですが、保育者との安心感が確立しない子どもは、いつまでも大人との関係を引きずって、大人から離れようとしないという傾向があります。

まだこの世に生を受けて1年10か月、目に見えない人の気持ちがわかるということ、これは人間にとって偉大な能力だと思っています。その前提には、自分の思いを人に受け止めてもらっている、理解されているという人への信頼が生じていることが何より大切なことなのではないかと思いました。

安心感

相手の気持ちを理解

エピソード
**3**　まさと君　2歳2か月

# モノを投げたり乱暴する行為は、友達への関心の芽生え

ことばの遅れがあるまさと君。

こら〜っ　あぶない！

まさと君、どうして物を投げるのかな…
それに仲良しの子にばっかり…

もしかして…？

おーい！よっちゃーん

お〜　お〜

名前を呼びたくて呼べなくて、気付いてもらえなかったんだ…！

ちょっと待って

今、僕がここにいるよって言いたかったのね

ともちゃ〜ん、今まあちゃんここにいるの！　ヤッホーって言ってね〜！

ヤッホー

お〜　お〜

それからは、滑り台に上るときは、私の手を引っ張って行くようになりました。物を投げなくても保育者が代わりに呼び掛けてくれることが分かったのです。

お〜

考察 🌱

# まさと君が投げたモノは、「ヤッホー　ぼくここにいるよ」ということばでした。

　まさと君が投げたモノは、友達に呼び掛けたかった彼のことばそのものだったのです。保育者である私は、これまで目に見える姿ばかりみて「この子は乱暴だ」「モノを投げて困る」などと決めつけていました。ところがまさと君との出会いから「なぜ高い所からモノを投げるのだろう？」と、子どもの行為の意味を考えること、すなわち、動機、目に見えない心の理由を考えることで、子どもの内面の世界を感じ取っていくことが少しずつできるようになってきました。子どもの行為は自己表現、何らかの心が動いて（動機）行為になります。まだ自分の思いをことばで言えない子どもたちの、行為をことばと捉え、「本当は○○したかったんだね」とことばにすることで、子どもはどれほど『自分の気持ちを分かってもらえてうれしい』という喜びの表情を見せてくれることでしょう。そんなとき子どもの目が輝くことを見てきました。こうして大人もまた、ことばで訴えられない子どもたちと、ことばに代わることばでしっかりやり取りできる喜びを膨らませていくことができるのです。

エピソード
**4**

# 二人の関わりから生まれたことば
## " ふたりともだね "
## " ふたりのせんせだもんね "

たくや君　**2歳11か月** 　のぞむ君　**3歳1か月**

考察

# 共通体験・共通の動作で
# つながる子どもたち

最近何か**同じもの**を見つけると「おんなじ」と笑い合っていた子どもたちでしたが、今回は、自分と**同じ体験・動作**をしている他児を見いだし、互いにそれを確かめ合う快感情が「ふたりともだね」というつながり合うことばを生み出したようです。

ともこちゃん　2歳4か月 　　すみこちゃん　2歳5か月

　ふとしたことから保育者の所有権争いが始まりました。

😊 ともこ「ともちゃんのせんせ」

😊 すみこ「ちゃう、すみちゃんのせんせ」

😊 ともこ「ともちゃんのせんせだもんね」

😊 すみこ「すみちゃんのせんせだもんね」

…………

　二人はどれくらい同じことを言い続けたでしょうか。その後、すみこちゃんが急に「ふたりのせんせだもんね」と言いました。それでやっと一件落着。

## 考察 🌱
# 何でも気楽に言い合える空間が大事

　幼い子どもたちにとって、他児を受け入れる第一歩は、二人の共通項を見いだすところから、その糸口ができていくようです。それにしても何度も何度も同じことばを繰り返し言い争った体験、自分の要求を相手にぶつけずにはいられないものとして、人との情動的交流が展開しました。その結果「ふたりのせんせ」ということばが生み出されたこと、本当に驚きでした。子どもたちにとって大切なのは、なんでも気楽に言い合える空間、ことばが心地良く響き合える空間があることを付け加えておきたいと思います。「二人共もうやめなさい。何度言えば気が済むの！」などと注意されていたら聞くことができなかったことばでした。

エピソード **5**

ゆみちゃん　2歳11か月　　　ひろし君　2歳10か月　
まさこちゃん　3歳

## 友達と体を寄せ合っていたい気持ち

## 考察 🌱
# 友達との共通項がたくさんできて、興味や関心も似たものになっていく

　保育者は「外を見るのなら、どこでもよく見られる所がいいのに」と思い込んでいましたが、ひろし君は友達と同じ窓で、友達と同じように体を寄せ合って見たいという一念だったようです。集まっている友達の中に自分も入っていたいというねがいがあったのでしょう。「子ども

が友達との共通項をたくさんもつようになることによって、興味や関心も似たものになり、同じところにいたい」「同じ物を持ちたい」などと求めるようになっていきます。やがて同じめあてをもって遊べるようになっていく姿を見るのもそう遠くはないようです。

エピソード **6**　だいご君　4歳　　けいた君　3歳9か月
　　　　　　　ちひろ君　3歳11か月

# 一方的な主張を通してしまう
# だいご君のこと <3歳児クラス11月2日の日誌をもとに>

## 考察

# 友達は第二の心の基地

保育者が仲立ちに入って話をすると、多少は理解して相手のことも考えようとするだいご君ですが、入らないと彼の一方的な主張を通して終わってしまいます。

今はまだ、けいた君もだいご君のことが好きで一緒に遊んでいますが、二人の間の力関係ができつつあり、心配です。ちひろ君もやはりだいご君にしっかり自己主張できる関係を築いてほしい。これから3人の間に様々なハプニングが生じ、だいご君には自分の思いだけがいつも通らないことや、一緒に遊ぶためには、まず友達の思っていることを聞こうとし、友達の喜ぶことも実感すること、それがだいご君に必要な栄養になり、友達関係の質も変わっていくポイントではないかと考えています。

3〜4歳児が、自分たちのやりたい遊びを繰り返しながら、友達とのぶつかり合いを多々体験し、まず友達の思い・考えていること・イメージしていることに耳を傾け理解していく援助が必要だと思います。だからと言って、保育者がその都度子どもたちの中に入っていくことは介入のし過ぎになるのではないかと思います。しかし援助が必要なときのタイミングを逃してしまったりすることはまずいと思います。「保育者がいつも自分たちのことを見ている」と彼らに気付かれないよう、見て見ぬ振りをし、『友達同士の関係としてこれは放っておけない。黙っていてはいけない』と強く心が揺さぶられ

たとき、とにかく両方の言い分を聞き出す介入が必要ではないか、と考えています。まずはそれぞれの気持ちを引き出し、さらに友達はどう思っているのか？ 相互理解ができるよう促し、あとは一緒に考え合うことを進めてみるつもりです。

「友達は第二の心の基地である」と言われます。多様な子どもたちがいる中で、一人ひとりの存在を認める援助、その一人ひとりが自分らしく在ることを大切にしていくには、まず保育者に一人ひとりの皆が、肯定的に捉えられているか？

例えば保育者がクラスの一人の子どもに対して『K君は本当に乱暴で困る。K君さえいなければ…』などと疎外感をもって見ていると、「せんせい、K君、またお友達に乱暴してるよ。K君なんていなければいいのにね」などと思われてしまいます。クラスの皆が自分らしく個性を発揮し、生活していけるようになるには、どれだけ保育者が個々の子どもの良さを理解し語れるか？ それを大切にしていくことで子どもたちも、友達のいいところを分かり合う関係性が生まれていきます。

それにしても「友達と遊んでいるから大丈夫」と見てしまうのでなく、やはり遊びの中での友達関係に着目する視点を持つことはこの時期とても重要だと思います。

遊びは、人と人とを結ぶ活動。どの子も認め合える対等な関わりを目指し、焦らずに援助していきたいものです。

ゆたか君　5歳

# 基地ごっこに 入れてもらえなかった「仲間外れ」

考察1 🌱

# 仲間意識が芽生えるから仲間外れも起きる

園生活は、子どもたちにとって楽しいことばかりではありません。思い通りに事が進まず失敗したり、挫折感を味わったり、ゆたか君のように仲間外れになり一人ぼっちで過ごすなど、つらい体験も味わわなければなりません。子どもたちが自力で矛盾やトラブルに立ち向かい一つずつその困難を乗り越えていく力こそ身につけてほしいのです。

ゆたか君が友達の基地ごっこを見て『自分も戦士になって基地ごっこをしたい』という強い要求を抱いたことは、とてもうれしいことでした。特に男の子の仲間関係は、体と体をぶつけ合う活動を通して連帯感が生まれていくようです。夢中で活動しながら肥満傾向を克服するいいチャンスではないかと感じたのです。彼が一人ぼっちになってイライラしている間、私は『ぼくも基地ごっこで遊びたい』という彼の要求を実現していく手立てをいろいろ考えてみました。

仲間外れになっている子がいると、つい保育者は「みんな友達なんだから、入れてあげてよ」とその子の立場ばかり考え、大人の論理で仲間入りを強要してしまいがちです。これですんなり仲間入りができる場合もありますが、多くの場合は仲間に入れることを渋ります。それでも保育者の説得によって「じゃあいいよ」と仲間入りしても、たいていはその時限りで根本的な解決にはなっていないことが多いです。仲間入りは簡単にはできないのです。なぜでしょうか？

まず仲間ができる要件です。仲間は気の合う者同士の集まり、すなわち自分たちが必要に応じて選び合った友達関係です。いわば共有意識に芽生えていく集団活動の核みたいなものだと思います。子どもたちがこれまでの実生活の中で「一人で遊ぶより、気の合う仲間と一緒に活動したほうが楽しい」という実感の中からつかみ取った子どもの社会に欠かせない、仲間意識の下に結束したグループなのではないでしょうか。仲間の結びつきは、時間を掛けて共通点を見つけたり、気心が通じ合う経験を重ねてコツコツと親密感を重ねてきた結果です。保育者が「入れてあげましょうよ」と言うのは安易な援助なのではないでしょうか。そう考えてみますと、幼児期「仲間はずれ」は起きて当然という気がします。

「だってゆたか君は、仲間に入るとすぐいばるんだもん」「しゅうちゃん（基地ごっこのリーダー役）がダメって言うから」「ゆたか君は、走るの遅いから仲間になると負けちゃうんだよ」彼が仲間に入れてもらえない理由もわかりました。いずれにしてもクラスの中に生じてきたいくつものグループが、互いに交渉を持ったり、対抗したりするうちに、一人の子を取り合ったり、仲間外れが出たり、メンバーが変わったり、…様々なトラブルが起きることが予想されます。自分たちで統制していくための仲間づくりが行われ始めたのです。

## 考察2 🌱

# 仲間入りができない子には、保育者がいちばんの仲間になる

その日も入れてもらえなかったと気を落としていたゆたか君が部屋に入ってきた時、担任の私は彼に尋ねました。「どうして入れてくれないか聞いてみたの?」彼はよく分かっていました。「だって僕が命令ばっかりするからだって」。そこで、「入れてくれないから遊べないんじゃなくて、ゆたか君が考えている基地ごっこをやってみたら?」

まずは仲間に加わることより、自分で仲間を集めて基地ごっこができることを促してみました。彼はお話や絵本が好きで想像力が豊かだったので、宇宙船や基地についても、彼なりのイメージがいろいろあったようです。しゅうや君たちが遊ぶ姿が自分のイメージと合わないと「そうじゃないね」と文句を言ったりケチをつけたりするので、しゅうや君たちは、自分たちのイメージで遊びたいという思いを持っていたようです。特に口達者のゆたか君を入れると彼の思い通りになってしまうことを警戒したのでしょう。

そこで私は、まず彼がどんな基地を作りたいのか? 考えていることを話させ、そのためにはどんなものを用意すればよいのか? 一緒に考えました。いろいろ思うことがあっても実行に移すことが弱かったゆたか君にとって、自分の考えている基地を作ることはとても大きな喜びになりました。けれどもタイヤを運ぶのはぎこちなく、一つ運んではため息をつき「誰か

手伝ってくれないかなあ」とぼやきます。思っていることを実現していくことは容易でないことを味わっていたようです。

ゆたか君のように仲間入りがうまくできない子への援助は、まずはなかなか入れてもらえない悔しさに共感し、気持ちの安定を図り、自分で新しい世界を切り開くエネルギーを養っていくことだと考えました。「仲間に入れてもらえない」と訴えてきたからと言ってすぐに解決を急がず、まずは仲間がいるという状況を作り、安心させます。その仲間は保育者です。と言っても保育者はいろいろな顔を持っています。この場合は、仲間と知恵を出し合う対等な友達同士です。保育者として遊んであげるのではありません。従ってゆたか君と私の二人集団です。

園庭の隅に何とかタイヤを運び込み、そこに青いシートをかぶせようとしていると、同じクラスのけい君とのぶ君の二人が「先生、何作ってんの?」と訊きました。「これはね、ゆたかくんの考えでやっているから、ゆたか君に訊いてみて」と言うと、ゆたか君が得意になって「空とぶ円盤の基地作ってんだよ」と言いました。彼のイメージが二人の友達を引き込み、さっそく「入れて」「いいよ」と仲間が増えました。

保育者がよほど子どもたちから嫌われていなければ、子どもと保育者の二人集団が何か夢中でやり始めると、必ず誰かが寄ってきます。そこが保育者が子どもと仲間になる理由です。タイヤを積み上げ青いシートをかぶせた基地から、ゆたか君とけい君、のぶ君の三人が「はっし〜ん」と言いながら飛び出していき、園庭を駆け回り、滑り台をスロープから登っていったりする姿をよく見るようになりました。時々部屋に入っていき、トランシーバーを作り、基地にいる味方と交信したり、頭や腕に銀紙の輪をはめて活動したりするのでゆたか君の動作は緩慢でも宇宙飛行士らしさは感じられました。

来る日も来る日もこの基地を拠点に遊び続けるうちに、仲間も増え、しゅうや君たちのジャングルジムの基地と交戦する姿も見られました。保育者は、もちろん仲間が増えてきたところで引きました。見ていて何よりうれしかったことは、彼が走り回ることが速くなり、身のこなしも少しずつ良くなっていったことです。自分の体を十分に動かして友達と一緒に遊ぶ楽しさを獲得できたことは言うまでもありません。

## 考察3 🌱 「楽しむ」だけが遊びではない

けんか、仲間外れなど様々な葛藤は、子どもたちにとっては確かにつらい体験には違いありません。けれどもこうした体験が、自己変革の力になり、自分と同じ体験をしている友達の気持ちがよく分かるようになります。そして再びいやなこと、つらい体験に遭ったとき、逃げ出してしまうのでなく、「あの時は乗り越えられた」という自分の力を確信し、困難にぶつかっても切り開いていく力を養っていけるのではないかと思います。

保育者が作成した保育の道しるべと言われる指導計画をよく見せていただくのですが、ねらいや経験させたい事柄、すなわち保育内容の所には「〜のごっこ遊びを楽しむ」「鬼ごっこを楽しむ」「描くことを楽しむ」「友達と一緒に〜することを楽しむ」など、楽しむことばかり書

かれています。遊びを楽しむこと、それは本質的に不可欠であることはわかります。けれども遊び体験では、思うようにならなくてつらい思いを味わい、怒ったり、泣いたり、トラブルになってしまい分かり合えずに悲しい、悔しい思いをしたり、葛藤し、時には保育者や友達が信じられなくなってしまったり、ゆたか君のように仲間に入れてもらえず苦い思いを味わったり、いろいろな感情体験をします。また前述のような感情体験ばかりでなく「やり遂げる」「発見する」「考える」「失敗する」「探究する」「学ぶ」など、やはりいろいろな体験が得られるのが遊びです。そこをしっかり押さえていかないと、子どもたちはただ楽しんでいればいいということになってしまいます。そうしたら将来どういうことになってしまうのか？…とても心配です。

エピソード **8** りょうた君 5歳

## " 仲間っていいね "

# 難しいことばを使いたがるのは、"早く大人の仲間入りがしたい"という願望から?

一緒に暮らしている仲間という関係があればこそ、人と人が響き合う、愉快であったかいことばが生まれることを教えてもらえた素敵な園外保育でした。

園の最年長という意識からか、年長組になると子どもたちは、大人ぶったことばをやたらに使いこなしていると感じることがあります。「人生にはいいこともあるんだ」と言って皆を笑わせたしゅう君は数日前、園庭で転んで膝の下を打ったので、そばにいた私が「しゅう君、だいじょうぶ?」と声を掛けたら泣きたいのをこらえながら「人生には、痛いこともあるんだ」と言って自分を慰めていました。

人生には痛いこともあるんだ…

また、空箱を使っての製作中、私がひびき君（6歳）に「ひびき君、もうできた?」と訊くと「今はまだ作ってる段階なの!」段階などの抽象的なことばをよく理解し、しかも使いこなしていると感心してしまいました。

また、なかなか登園してこない仲良しの友達を

まだ作ってる段階なの!

ずっと玄関で待ちつづけていたなつみちゃん（5歳）。そばを通った私に「あたし、さとちゃんが来るまで、ここで時間つぶしてるの」と言っていました。

時間つぶしてるの

"大きくなったんだ"、"来年は小学生になるんだ"、"早く大人の世界の仲間入りがしたい"そのようなねがいが子どもたちの心を開かせ、今までにない自分を表現しようと盛んに大人の話を聞きかじり、使ってみたいのでしょう。そして、いろいろな場面で使い試すうちに、そのことばの中身をつかみ、やがて自分のことばにしていくのだと思います。

人の気持ちが分かるということは、人間にとって非常に偉大な能力です。その力は最初に養育される大人から愛されることによって、人に対する関心を育むことになります。この人への関心こそが、人とつながろうとする原動力ではないでしょうか。子どもの活力は、分かち合う力、人と人をつなぐ力でもあるとすれば、その活力を生き生きと伸ばしていくところに楽しい仲間や集団が生まれていくことを学ぶことができたようです。

# 4. 思考力や認識の発達

## 現状とことば獲得の過程

——「人間の思考は、ことばによって構造化されているところに特徴がある。ことばが豊かになればそれだけ、思考のはたらきが強化され、したがって実りある思考が展開される」（『子どもの思考力』滝沢武久 岩波新書 185頁）。

↓

**現在はその探索行動が十分行なえない環境にあることが思考力の育ちを阻む大きな原因になっているのではないか。**

今話題になっている日本の子どもたちの思考力の弱さ、及び学力低下の要因は、やはり言語能力の乏しさにあるのではないでしょうか。不思議だなあと思う心やじっくり考えようとする態度は、ことば獲得のどのような過程を経て育まれるのでしょうか。

私は今から約30年前、1990年に『自我の育ちと探索活動』（ひとなる書房）の1冊を著し、そこに3歳未満児の本来的に持っている子ども性（子どもらしさ）を追求してきました。

## 子ども性（子どもらしさ）①

子どもが自分の足で歩けるようになり、周囲への探索を始める頃。

・好奇心に満ちあふれ、調べたがりや、試したがり。
・どうしてかな？　と思ったらすぐにも動き出し追求する活動性を持っている。
・自身の好奇心や主体性に基づいて活動するので、のめり込み没頭して取り組む。
・活動しながらいろいろなことが分かっていく。
・頭で分かるのでなく体でわかる、実感する。

この探索活動こそ、自我、感性、ことば、イマジネーション、遊びなどすべての発達の基盤になる。

## 子ども性（子どもらしさ）②

1歳を過ぎる頃

・周囲の物に名前があり、自分にも名前があることが分かってくる
・自我が芽生え"自分を尊重して"と言わんばかりの自己主張が始まる
・歩行ができるようになり、自由になった両手を使って周りの世界の探索を活発にするようになる

## 大人の共感関係

　0〜2歳頃、母親（それに代わる人）とのふれあいを重ねながら、外界のものを理解していきます。

＜ ex. 指さし＞
ある9か月児は、以前、母親の指を見たりしていましたが、段々指さす方向や、その対象に目を向けるようになりました。母親が犬を指さし、「ほら見て、わんわんよ」と声を掛けると、犬を見て、うれしそうに、「あーあー」と発し、母親も喜んで喃語をことばに置き換えて応えます。

→乳児のことばや認識の発達には、まず子どもと大人の共感関係が最も大切です。同じものを見て心が通い合う体験です。

## 「話す—聞く—話す」のやり取り

やがて今度は、子どもが何か見つけると「アッ、アッ」と指さして、発見の喜びや感動を母親に伝えるようになりました。母親が話すと子どもは『ちゃんと指さしの先を見てもらってうれしい』と言わんばかりにうんうんとうなずきます。

→『あれは、はとぽっぽっていうんだ』ということも分かっていきます。そればかりでなく「話す—聞く—話す」ということばのやり取りの基礎が成立していきます。

## ことばの「命名機能」

　ことばの役割の一つは「命名の機能」です。名前が分かるということは、これまで場面の中に埋没していた対象を、そこから一個の親しみのある実在として、取り出す役割を果たしていきます。「ナニ？　コエナニ？」と盛んにものの名前を問う、第一質問期もこの時期と重なります。自分の知っているものでも質問し『確かにその通り！』と確認の喜びを味わうこともあります。

## ことばより先に、思考行動

　この時期の子どもの思考は、ことばより先に行動として現れることが特徴です。その行動を思考行動と呼んでいます。子どもはあれこれと考える代わりに、まずやってみるわけです。

→自分の体を使って試行錯誤するときから思考行動が進展していきます。やり方がうまくなっていくことは、思考が進んでいることを意味します。

　自在に歩き始めた子どもたちが、自分の好奇心や関心に従って「ひと、もの、こと」の環境に自ら働きかけて、認識や思考の芽生えを十分に体験することがその礎になります。

エピソード 1 たくや君 1歳2か月

# 絵本との出会い

毎日毎日、絵本棚の絵本を片っ端から落とすことが楽しみのたくや君。

ある日、偶然、落とした「のりもの絵本」のページが開き、

そこに自分の大好きなパトカーを見つけると

「アッ　アッ」とその絵を指さしました。

そうだね、たくちゃんの大好きなパトカーだね

玩具棚からパトカーを出してきてそれを絵の上に重ねるように押し付けていました。

おなじ♥

## 考察
# 子どもの発見の喜びに共感し言語化する

　たくや君が絵本のパトカーを指さしながら思わず発した「アッ　アッ」という音声は、まさに『これはぼくの大好きなパトカーとおんなじだ！』という発見の喜びを表すことばそのものでした。いつも手にして遊ぶパトカーの玩具と、絵本に描かれた絵がおんなじだという読み取りができたのです。

　それ以後、たくや君は「のりもの絵本」を抱きかかえ、パトカーのページを開くと一人でじっと見るようになりました。棚から落としていたものが、初めて絵本という意味を持ったも

のになったようです。

　保育者は、まず、その子が何を訴えようとしているか、その子が何に心を動かしているかを理解し、代弁することだと思います。そんなとき、よく見ていないと、『たくや君はいつも絵本を棚から落とすから困っちゃうわ』という先入観から「たくや君、絵本、落とさないでね」などと言ってしまっていたらどうなっていたでしょうか。いつもそばにいてくれる大好きな大人が、発見の喜びを共にしてくれる！　そのようなごく日常的な状況での感情交流が大切なのだと思います。

エピソード **2** みきちゃん 1歳8か月

# " おむつとりかえて "

<１０月２４日　みきちゃんの個人日誌より>

　昨日と今日の２日間、みきちゃんは自分の
タンスの引き出しを開け、そこからおむつ
を取り出して保育者のところに持ってきまし
た。保育者が「みきちゃん、おむつ替えてほ
しいの？」と言いながらおむつ替えの支度を
始めると、自分からゴロンと寝転がります。
おむつを開けてみるとうんちが出ていまし
た。「そうか。うんちが出ちゃって気持ちが
悪かったんだね。今きれいにしてあげるね」
と言いながらおむつを替えました。

　今日もまたタンスから紙おむつを出し " か
えて " と言わんばかりにサインを送ってきま
す。「うんち出たの？　替えようね」と言うと、
" わかってもらえた " というような安心した
表情をし、おむつ替えの布の上にごろんとな
ります。**紙おむつをタンスから出してくる行
為によって「うんち出たよ」と教えてくれる
ようになった**のかと感心してしまいました。

　このことからまず、①自分の要求が分かっ
てもらえると子どもは、本当に安心したよう
な、何とも言えないうれしそうな顔をすると
いうこと、②今までタンスの引き出しから下
着やおむつを取り出したり入れたりして、い
たずらを楽しんでいるなと思って見ていまし
たが、その行為が『ここに自分のオムツや着
替えが入っている』という認知、『わたしが
自分で出したり入れたりすることができるん
だ』という行動の喜び、さらに『うんちが出
たらここからおむつを出して先生に取り替え
てもらおうっと』というつもりなど、いろい
ろなことを本児なりに知り、考えていたのだ
と感じました。いたずら（探索行動）が決し
て無駄ではないことも改めて学ぶことができ
ました。

記述者（静岡県　愛育保育園　森下真由美保育者）

おむつ棚

## 考察 🌱
# 行動は思考の源泉

　この実践は、前述の「この時期の子どもの思考は、ことばより先に行動として現れる」(P.75)ということを如実に語っています。自分のタンスの引き出しから下着やおむつを取り出す行為の繰り返しから、本児はいろいろなことを考え、ついに『ここに自分のおむつが入っているのだから、今度うんちが出たら、ここからおむつを出して取り替えてもらおう』といった 「〜だから〜だ」というような考え方を引き出しているように思います。「行動は、思考の源泉」と言われます。１歳児の行動として思いもよらないことですが、しっかり自分のつもりを貫いているわけです。

　その背景として考えられることは、探索活動を単なる「いたずら」と捉えるのでなく、この時期の子どもたちの重要な発達を促す活動として保育者が肯定的に捉えていること、まず探索活動が自由にできる空間があり、そこでの制約が少ないこと、「タンスは開けてはだめよ」と保育者に言われてしまったら、みきちゃんの思考行動への展開は、考えられないことでした。

　次に保育者の関わりです。みきちゃんからの、ことばにならない行動に対して、保育者が丁寧に応答していることです。その時その時の状況に応じて共感したり認めたりしていることで、本児も自分への確かな手応えを感じ、自信のようなものが養われていく様子が伝わってきます。

　子どもは誰しも、自分を大事にしてくれる人に敏感です。子どもをいとしいと思う大人の目に見えない心の姿勢が、人を信頼できるという自己肯定感の土台を養っていきます。そういう意味で0、１、２歳児の保育は、魂と魂のふれあいだと感じました。

エピソード **3** たろう君 1歳3か月

# 自分の影におびえるたろう君

0歳児クラスの11月、園から歩いて10分ほどかかる神社に散歩に行きました。

ハッ!

ギャー こわい!!

大丈夫よ、皆にも影があるんだから

きゃっ きゃっ

ぎゃ えい!えい!

ぎゃぁ

たろうちゃん、影が怖かったんだよね、先生が抱っこしてあげるから大丈夫、保育園に帰ろうね

1歳3か月の本児には、保育者がいくら「影なんだから怖くないよ」と言っても、「影とは何か?」ということが分かっていなかったのです。それをわきまえず単にことばで教えようとする対応をしてしまい、不安を取り除いてやることができませんでした。

そのことに気付き、帰りは「影怖いね」と本児の思いに寄り添うことができ、本児も少し安心し、泣き止んだようです。

夕方、お迎えに来た母親にその話をすると、

帰り道は私が抱っこし「ほら、お母さんとたろうの影だよ」と指さしし、一緒に見ながら帰りました。

少し安心したのかもう泣くことはありませんでした。

と連絡帳に記されていました。

それから数日後、神社に出掛けた際、

そう、たろうちゃんの影だね

あ〜あ〜

それでもまだ何となく不安なのか、保育者の手をしっかり握っていました。

考察 🌱

# 個々の子どもと自然との出会い

　自然界のいろいろな現象が、幼い子どもたちの豊かな情報源です。風、雨、夕焼け、雲、そしてたろう君が初めて出会った影、その一つひとつの変化を全身で捉えながら子どもたちは自然と対峙していきます。

　0歳児クラスの3月、子どもたちはもう皆1歳を過ぎていました。なかには2歳に近い子どももいました。散歩をしながら、保育者が「気持ちのいい風さんが吹いてきたね」と言うと誰かが「かぜさん　どこ？」と周りをキョロキョロ探すしぐさをして聞きました。『そうか、この子どもたちの中には、まだ目に見えない風を理解していない子もいたんだ』となぜか愉快な気持ちになりました。

　それから2か月後、1歳児クラスに進級してからのことです。散歩の途中、急に強い風が吹いて2〜3人の子どもたちの帽子が飛ばされてしまいました。私が「たいへん、お友達の帽子が風さんに飛ばされてしまった」と言いながら追いかけると、帽子を取られたのぞむ君ときよ

ひろ君（共に2歳になったばかり）が、「かぜさん　まってぇ」「ぼうし　とらないで」と言いながら帽子を追い掛けて行きました。『あれっ　いつの間に？』という思いと、風で帽子が飛ばされてしまったという経験で風を体感し、理解したのかな？　と思いました。それからというもの、風が吹くたびに「かぜさんが、はっぱとたいしょう（体操）してる」「かぜさんが、またきよちゃんのかみのけさわった」とことばで風のことを表現するようになりました。

　そして、3歳のかおるちゃんは、廊下に飛んできた木の葉を見て「あっ　かぜさんのおてがみだ」

　5歳のじゅんかちゃんは、木工をしていたのですが、ふと「わあ　かぜが　きゅうしょくのにおい　つれてきたよ」

　保育者は幼い子どもたちの疑問や感動を共にしながら、再度、子ども時代を生きる楽しみが与えられていることに大きな喜びを感じます。

エピソード **4**　さなえちゃん　2歳2か月

# 行動を通して自分のつもりや イメージを表す・見立てやふり行為

考察 🌱

# 象徴機能を働かせながら自分の要求やつもり（考え）を実現していく

さなえちゃんの祖父は書道教室を開いていました。そのおじいちゃんが机に向かって真剣に筆を動かしている姿や、小、中学生を相手に書道を教えている様子を、彼女はいつも『わたしもやってみたいな』という思いで見ていたのだと思います。現実には、彼女が近寄っていくだけで、「さなえが来るところではない」と拒まれていたため、筆を手にすることなど到底できない状況でした。竹やぶを歩いていたとき、そのさなえちゃんだからこそ『おじいちゃんが使っているあれ…』を発見できたのだと思います。そして『おじいちゃんがいつも使っているもの、わたしも書いてみたかったの』という強い願望が、何としてもそれを取らずにはいられない行為を発動したのです。

> 「見立てを起こす第一の条件は、子どもが実物について強いイメージをもっていること。第二の条件は、見立てるものと実物の間に何らかの共通性を見いだすことである。
> （『イメージの誕生』中沢和子　NHKブックス）

筆と姫タケノコ、まさにこの二つの条件がぴったりでした。

さらに**模倣には**、

- **（ア）人（おじいちゃん）に向かう意欲の強さ**
- **（イ）人（おじいちゃん）がやっていること、している行為に対する憧れ**
- **（ウ）人（おじいちゃん）が使っているモノ（筆）への強い関心**

このように分類して考えられます。が、彼女の場合は、（ア）〜（ウ）まですべてに該当しています。

現実には実現できない『筆で書いてみたい』という願望を、現実には手にすることができない筆の代用物（姫タケノコ）を使って遂げようとする行為、言い換えれば、自分の思い通りにならない現実を、象徴機能を働かせながら、自分で支配できる世界に創り上げていくという何とも見事な行動でした。そういう意味でこの時期の子どもたちに著しく多く見られる「見立てやふり行為」は、イメージを働かせながら自分のねがいやつもり・考えを実現していく、自己世界の拡大ともいえる活動であることを再認識しました。

いいな…

おじいちゃんとおなじ

2歳児の子どもたち

# 風さんも絵本を読みに来たよ

&lt;福井市三谷館保育園　2歳児クラスの日誌から&gt;

　保育者が大型絵本を読んだ後のこと、一人の子どもをトイレに連れていき戻ってくると、「なにしてるの〜」「こら〜」と言う子どもの声と共に笑い声も聞こえてきました。見ると棚の上に立ててあった大型絵本がゆっくりと1ページずつめくられ、それがめくられるたびに子どもたちの歓声が上がります。さと君が保育者のところに来て「せんせい、すごいね」と興奮気味に話します。保育者が「ほんと、不思議ね」と言うと、近くに来たもえちゃんが「せんせい、あのね、いま　風さんも、絵本よみにきたんやって」と言いました。「そうかあ、風さんも見たかったのかなあ。風さんにも見せてあげようね」と伝えると、窓の方へ行き、「風さん、絵本だいじにみてね」と。それを聞いて子どもたちも「いいよ〜」と口々に言いました。

　風がページをめくるタイミングも、本当に読んでいるかのようにゆっくりゆっくりだっ

たので、子どもたちは自分の椅子を大きな絵本の前に持ってきて一緒にその様子を見て楽しんでいました。時折強い風が吹くと「はやいよ〜」「まだみてないよ〜」と、まるで友達のように、見えない風に話しかけます。そして最後のページが終わると、重さもあってか風が吹いても動きません。すると、りこちゃん「もうぜんぶ　よんじゃったんやわ」、もえちゃん「かぜさん、どこいったんかなあ」、さとし君「かぜさん、おかあさんとこ　かえったんじゃない？」、子どもたち「ばいばい、またきてね〜」と窓に向かって手を振っていました。心温まる一場面でした。

記述者（福井市　三谷館保育園　保育士）

考察 🌱

# アニミズム的思考や擬人化こそが科学する心

<科学とは？　筋道を立てて研究、整理、応用を考える学問>の要件

ゆういち君　3歳

かなちゃん　4歳

ひびき君　5歳

　私が長い間、子どもたちと一緒に暮らし、"ほっ"と安らいだ気持ちになったり、思わず笑い出してしまう楽しさをもらったりしたのは、上記のような子どもたちの「アニミズムのことば」でした。そして「エピソード5」は、まさに、アニミズムの世界を生きる子どもたちの姿でした。

　子どもたちは、風であろうと、動物であろうと、乗り物であろうと、人間であろうと、生命を同等に捉えるものだと感じてきました。子どもたちの中に生命の平等感が養われているのでしょう。日常と非日常を分ける壁が柔軟で、はっきりした境界がないためか、彼らは非日常の世界を信じ込んでいます。「周りのものはみんな自分と同じように、喜びや悲しみなどの感情があり、生きている」と思い込んでいるようです。

それが「アニミズム的思考」です。だから相手（対象）にすぐ感情移入することができます。関心を持った対象物に自分の体や感情を投影しながら、一体化して能動的に相手を自分に取り込んでいくという認識の仕方を身につけています。要するに、「周りのもの、何にでも魂を入れ込む名人」なのです。これこそが本当に<認知する>ということなのではないでしょうか。

　「相手の立場にならなければ、本当のことは分からない」。子どもたちは、すうっと自分の魂を相手に同化させ、そこから周囲がどう見えるかを感じ取ってしまう感性の持ち主です。いろいろな対象に同化し感じ取る自由さの中で、彼らは現実にとらわれない解放された世界を楽しんでいるようです。このアニミズム的思考こそが頭だけでなく、体も心も全身全霊で分かるという本来的な思考の働きを意味するのだと思います。

エピソード 6

# 幼児期に３回も出現する"質問期"
## ―質問は思考と探究の出発点―

学問とは、問うて学ぶと書きます。が、幼児期には、同じ年頃の子どもたちが比較的同じような質問をする時期が３回あります。質問期と言われます。

### 第一質問期　１歳半〜２歳頃
周囲のものに名前があることが分かってきて、「これなに？」「これなに？」と、ものの名前を問うようになります。

### 第二質問期　３歳頃
「なんでこのおもちゃ壊れちゃったの？」「みっちゃん、なんで泣いてるの？」「なんで夜は暗くなるの？」など大人からすると当たり前のことでも「なんで？」と、今、起きている状況（結果）からその原因や理由を問うようになります。ことばを手立てとして外界の意味や因果関係を考えるほどに子どもたちは発達してきたことを感じます。

### 第三質問期　４歳後半から５歳
飽くことなく次々と、大人が困り果てたり"ハッ"としたりするような質問を浴びせ掛けてきます。「それはどういう意味？」「赤ちゃんはどうやって生まれるの？」「神様ってほんとにいるの？」などなど。

「疑問を持つことは、問題を発見する力」と言われますが、子どもたちの質問は好奇心、探求心から発せられる科学的、真理探究への道、思考の冒険ではないかと考えます。そして最も重要なことは、これらの質問に大人がどう向き合い答えを見いだしていくかということだと思います。

その1 ── たかお君　1歳7か月

## 「これなに？」

たかお君は、
これまでは自分の手を使って活発に
探索を繰り返していました。

これはいったい
なんだろう？

あれっ、
音がするよ

きゃ～
りきゃ～

それはたかお君の好きな
り・ん・ご

こえっこえっ

ご！ご！ご！

次第に、「くだもの絵本」のリンゴを
指さし訊くので、保育者が答えると
語尾だけ繰り返し発します。

絵本の中に、次々自分の好きな、よく知っているものを見つけ訊きます。『やっぱりそうだった』という確認の喜びや、保育者とことばのやり取りをする喜びが大きいのでしょう。ものに名前があることが分かってきたため、興味あるものは知らなければ損だと言わんばかりに「こえ？」「なんなん？」が続きます。

なんなん？

## 🌱 考察　ものの名前を問う第一質問期

　第一質問期の事例です。子どもがものに名前があることが分かっていくことの意味について滝沢武久氏は次のように述べています。

「言葉は、人間の漠然とした認識を明確化し、方向付ける役割をもつ。とくに幼い子どもにとっては、事物に名前を与えることは、その事物に働きかけて、これをしっかりとつなぎとめ、安定させることだ。―中略― このことは言葉をもたないサルの行動を観察すればよくわかる。火を水道のホースで消すことを実験室の中で学習したサルを湖畔で遊ばせる。このときサルの前でたき火をして、火をしめしても、サルはそれを消そうとはしない。湖の水をすくっ

てまきさえすればいいのに、それは水道の水ではないので、湖の水を利用しようとはしないのだ。水道と湖とは場面が違うため、水という共通な特性を一般化することができない。この二つの要素を統一するためには「水」ということばが必要なのである。」(『子どもの思考と認識・新しい発達心理学の視点から』滝沢武久　童心社)

　この時期、ことばを育てるということは、子どもから物の名前や新しいことばを言わせよう言わせようと強要することではなく、子どもが興味を示した対象に共感し、その名前を知らせ、感情交流の喜びを味わわせることだと思います。

その2　とも子ちゃん　3歳

## 「なんで？」

3歳児クラスでせっかく散歩に出掛けたのに雨が降り出しました。

とも子「なんで雨が降ってくるのよ！」

保育者「なんでかしらねえ。（周りの子どもたちが、黙っていたので…）お空の神様が何か悲しいことがあって泣いているんじゃないかしら」

とも子「うん、そうだね」

### 🌱 考察
## 外界の意味や因果関係を考える第二質問期

　雨が降ってきたという現実（結果）からその訳や理由を訊くようになる、第二質問期です。チュコフスキーは次のように述べています。

> 「個々の現象の間に、因果関係をつけようという貴重な意欲と見ることができないでしょうか」（『2歳から5歳まで』理論社）

　しかしこの時期の子どもたちは、科学的な裏付けのある答えを求めているのでなく、子ども自身のオリジナルな、例えば「なんで夜は暗くなるの？」「子どもたちにもう寝る時間よって教えてくれるのね」など、擬人法などを使って考えられる内容のようです。

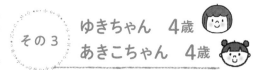

その3　ゆきちゃん　4歳
　　　　あきこちゃん　4歳

## 「じゃあいいよ」
（村田道子さんの記録より）

　ゆきちゃんが運んでいたバケツの水が、砂場にいたあきこちゃんに掛かってしまいました。

あきこ「わざとしたの？」

ゆき　「わざとじゃない、なっちゃったんだよ」（手が滑ってしまった）

あきこ「じゃあいいよ」

### 🌱 考察
## 相手の行動の意味・動機を理解しようとする第三質問期

　4歳頃になると、目に見えない人の心や自分の心を意識できるようになってきます。あきこちゃんは、水を掛けられたことをすぐ怒るのでなく、相手の行為の意味・動機（心の理由）を理解しようとしています。「わざとしたのかどうなのか？」問う心は、相手の立場になって考えようとする働き。思考の確かな育ちを感じます。

> 「"なぜなのだろう？"と問う心は、他者の魂に近づいていこうとする心なのです。子どもは、もともと、または　はじめから優しいんじゃなくて、それは"なぜなんだろう""なんなのだろう"と自らに問うたり、考えたり、行動したりしていくうちに、自分の中に　思いやりや優しさを創り出していく、そこに意味があると思います」（『子どもに教わったこと』灰谷健次郎　NHKライブラリー　64頁）

**その4** たかお君　5歳

## 「ぜったい」「だって」

たかお「お月さんに　足あるか？」

母　　「ないよ」

たかお「えっ、ぜったい　足あるよ。見て
　　　ないとき足出して歩くんだよ。
　　　だっておれについてくるもん」

🌱 考察

# 自力で答えを見いだす

　分からないなりにも自分なりに考えたこと（論理）を認めてもらいたいという要求から質問し、多くは自答しています。ここに子どもの思考の特徴が見られ、子ども独自の思考の世界を知るきっかけになります。正解を求めるより、考えること自体が楽しいという表れのようです。

　かつて旭山動物園の飼育係をしていたあべ弘士さんは講演で話していました。

> 「ゾウは何を食べるの？」という子どもたちの質問に、すぐに返事はしなかった。「何を食べると思う？」と問い返し「この次、来るとき、ゾウに食べさせたいものを持ってきてごらん」と言ったら、納豆やレモンを持ってきたので実際に食べるかどうか体験させた。ゾウが、初めてレモンを食べた時、ゾウの大きな耳がぱあっと広がってみんなそれは驚いた。そうした感動を伴って、考える楽しみや喜びを味わわせることが大人の役割ではないかと。

　子どもたちはどのようなとき最も効率よく知識や思考力を身につけていくのか？　それは決して人から答えを教えてもらったときではなく、「自力で答えを見つけ出した時の感動」が探究の喜びを増幅するのだと思います。子どもが疑問を持ったとき、答えを見いだすヒントになるようなことを提示したり、一緒に考えようとする姿勢、また決して答えは一つではないことも念頭に置きたいことです。

エピソード
**7** ゆきちゃん　5歳

# 会話や対話は人との共同的思考

ゆき「お正月って　ごうかだね」

母　「ごうか、すごい難しいことばを知ってるね、なんでごうかなの？」

ゆき「だってすごろくや、こま回し、カルタ、たこあげ、羽根つきでしょ、
　　　遊ぶものがたくさんあるでしょ、それに　お年玉だってもらえるし」

母　「ほんとにそのとおり！　だね」

考察

# 会話や対話は、共同の関係を築きながら、自分なりの考えを形成していく

序章にも書きましたが、今日の子どもたちのことばをめぐる課題で最も憂えることが「会話や対話の貧困化」です。家庭こそが子どもが最初に出会う、心と心が行きかう情動の場です。ヴィゴツキーは、

> 「人間の思考は、幼児と両親の間で交わされる対話の相互作用の中から生まれる」

と述べているように、人と対話を活発にすることは、子どもたちの大脳の前頭前野の働きをよくするというだけでなく、生活に根ざした諸々の思考を形成していくことに意味があります。

いうまでもなく会話や対話は「人との共同的思考」、共同の関係を築きながら独自の自分なりの考えを形成していくことができるのです。

ゆきちゃんは、母親との会話で「なぜお正月がごうかだと考えたか」を自分の体験から見事に言語化しています。

それでは「会話と対話」はどう違うのでしょうか？　会話は、二人以上の人が集まって互いに話を交わすことで、対話は、直接に向かい合って互いに話しをすること、多くは二人の場合を言う。と辞典に述べられています。特に対話は、お互いが人格を認め合い対等な立場で話すことに意味があります。会話にしても対話にしても、お互いの異なる価値観を刷り合わせる行為、意見の交換によって新しい考えを生み出すこともあります。忙しい、忙しいという理由で対話を軽視する大人は、人間を人間らしく成長させてくれる根源を養うことを忘れてしまっているのではないでしょうか。

対話

認め合い

対等な立場

**エピソード 8**　ひろし君　5歳

# 思いを巡らし、複数の判断を結び付けて考える

先生、けいちゃんはいけないんだよ、すーぐたたいたりして乱暴するんだよ

そう。ひろし君は乱暴することはいけないって思ってるのね

そうだよ。乱暴する子は悪い子ってお母さんいつも言ってるよ

でも何でけいちゃんは乱暴しちゃったのかしら？何かわけがあったんじゃない。そのこと聞いてみた？

聞いてない。じゃあ、今度けいちゃんに聞いてみる

それから2日後、ひろし君が保育者の所に走ってきて

けいちゃんがまた乱暴したから、なんで乱暴したの？って聞いたら、○○ちゃんがけいちゃんのボールを持ってっちゃって、返してくれないんだって

そう。それでひろし君はどう思った？

けいちゃんだけ、悪くないって…

けいちゃんはいつもひろし君から「いーけないんだ、いけないんだ。けいちゃんはいけないんだ」と言われていたのに、その日は「なんでひろし君はすぐ乱暴するの？」と聞かれ、すこーしうれしかったのでしょう。
ちゃんと乱暴してしまった訳を話してくれたのです。

考察 🌱

# 複数の判断をつらねて
# より良い結論を導くことこそ、
# 思考の洗練された働き

年長組になると、子どもたちは、年中組のときのように「AかBか」ではなく「友達をたたくのはよくない。だけどほんとに怒ったときはたたいちゃうこともあるよね」とか「たたくことはよくないけど、なんでたたいちゃったのか考えると、たたく方だけが悪いんじゃないっていうこともある」など、「どちらとも言えない」「簡単には決められない」といったいわゆる中間の世界、があるということを考えられるようになります。

またこの時期の子どもたちの表現活動を見てみると、3つの活動を区別して表現することも可能になっています。例えば「自分の前向きの姿、横向きの姿、後ろ向きの姿」を描くようになります。また楽器演奏のときなどは、強・弱だけでなく、その中間の音も出せるようになります。そして「良いか・悪いか」だけで判断するのではなく、なぜそうなったか？　そうせざるを得なかった理由があることなど考える力、「〇〇ちゃんは、すぐ怒るけど、本当はやさしいときもある」「△△ちゃんは、ケンカばっかりするけど、友達のこと好きなんだよ」など人の多様性に気づき、複数の判断をつらねてより

良い結論を導き出すことができるようになります。思考の均一化ではなく、多様化こそ、その貴重な働きと言えるのではないでしょうか。

# 5.遊びが豊かになる

## 遊びを主とした生活の時代

「人間が他のあらゆる動物とはっきり違っている、だれにも理解しやすい一点は『6歳で歯が抜け変わる』ということでしょう。そういう動物は他にはいません。驚くべきことだといってもよいでしょう。神さまは人間が人間になるためにそういう『乳歯の時代』というものを与えてくださったと考えていいでしょう。この一見無駄に見える時期を『生かす』ことによって、人間のあらゆるよさをあらわす生命力の装いが、下からじっくりとつくられていく。このたいせつな時期を『省いた』に等しい状態—そういう危険が、今の日本をおおっています」
（『周郷博著作集』 周郷博 柏樹社）

これは1980年、「教育の詩人」と言われた周郷博が他界した翌年に刊行された書のはじめのことばです。乳歯の時代＝子どもが子どもでいられる、**遊びを主とした生活の時代**を意味するのではないかと解釈しています。

## 身体性・実感を伴ったことば

23年間の保育者生活を通し、子どもたちの理解を深めたいと記録を取ることに執着してき

ましたが、ことばの記録以上に多かったのが遊びでした。**遊びは一人ひとりの子どもの発達の姿そのものであり、個性を最もよく映し出していました**。特に0・1・2歳児の場合は、模倣や再現行為を通じて、一人ひとりの子どもの内面、イマジネーションの世界を知ることができました。3歳以上児は、遊んでいるときの子ども同士のことばのやり取りがなんとおもしろかったことかと記憶しています。もちろんよく話す子と、そうでない子がいますが、遊びの中のことばで私が最も感動したことは、**ことばの一つひとつが、その時その時の動作や体験をくぐった身体性・実感の伴ったことばになっているということでした**。

## 生きたことばの活躍

3〜4人の年中児が、大型箱積み木でお城のような建物を作っていました。

「ここに積んでね」

「わっ、高くなった」

「もっともっと積み上げよう！」

「あっ、倒れる倒れる」

「○○ちゃん、ここを押さえていて」

「危なかった、大丈夫？」

「よし、ここはお城の塔だから、

三角のがいいね」

「だけどもっと高くしないと
　お城らしくない」

「それじゃあ、あと三つ積んでからね」

「わあ高い、届かないよ」

「誰か、台にする積み木をここに置いて
　くれない」…。

　まるで動画を見ているように子どもたちの遊びの様子が見えてきます。子どもたちは、遊び体験の中で、どれほど多くの生きたことばを獲得してきたことでしょう。

　自分たちがやりたいと目指したことをやる、そのためには、自分の考えていることやイメージ、意思を伝えなければ協働の遊びにならない。

　だからその時々の、必要に迫られたことばが発せられる、言い換えればその時々の状況に合ったことばが生まれるわけです。これがごっこ遊びになるとそれぞれの役にふさわしいイメージを表すことばのやり取りだったりします。特に友達同士の会話から、思いがけないドラマが生まれていきます。このドラマ展開に、それぞれの子どもたちがどのような持ち味を発揮していくか？　など実に興味深いことでした。

　それでは子どもの育ちのプロセスを追いながら、子どもの遊び・そこでのことばの役割について考えていきましょう。

エピソード **1**　たかちゃん　1歳5か月

# たかちゃんとマットの穴

４０年以上も前。
初めて保育所に就職した年に
１、２歳児の混合クラスを
担任。
毎日子どもたちに
何かさせなくてはと、
未熟ながらも
一生懸命準備した
活動にのぞんで
いたのですが…

みんな離れていく…
食事までまだ時間がある。
もう一度子どもたちを
集めてこなくては…

マットの穴から
ワラを
１本１本
引き抜いて
いきます。

20〜30本のワラを
すうっと引き抜くと…

ホッとした様子。

握りしめたワラを
１本ずつ
落とし始めました。

何か見つけたようです。

ワラを１本落とし込む
たびに手をたたき、

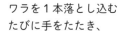

手に握りしめ、もう１本。

ワラがすっかりなくなると
またマットの穴に
戻っていくのでした。

## 考察 🌱
# 探索活動に注目するように なったいきさつ

マットに穴があること、そこからワラが引き出せること、その上、引き出したワラを床の小さな穴に落とし入れることなど、1歳の幼い子どもが見通しをもって行動していた事実に、私は驚かされました。そればかりでなく、穴からワラを引く抜くときのあの緊張したまなざし、それを床穴に落とし入れる喜びの表情、幼いながらも物事に打ち込むというのはこれなのだ！と彼の充足感あふれた行為にすっかり魅了されました。

私がたかちゃんの行為からつかんだことばは、「自分が本当にやりたいと思ったことをやっているとき、子どもは強くなる。自分が自分でいられるから」ということでした。

また他の子はというと、自分のロッカーに入り込み、内側に貼ってあった洋服掛けの名前シールを黙々と剥がしています。またどこから見つけてくるのか、小さなごみをつまんできて床穴に詰め込んでいる子もいます。

「遊びというのは、大人から与えられるものではなく、子どもたちの全く自発的な活動であるはずであった」と学生の頃学んだことを思い出し、私はその時一つのことを決意しました。こんなに幼い1、2歳児でさえ自ら遊ぶ力を発揮しているのだから、まずはこの子どもたちの喜んでする行為を観察しよう。

以後、子どもたちの自発的な探索活動に注目してきました。そのうち「どうして幼い子どもたちは、穴に取りつかれたように、のぞいたり、指や物を突っ込んだり、落としたりするのかしら…」「戸外に出ると棒っきれを手にするのはなぜ？」「探索らしい行為をしない子もいる…」などいろいろな疑問に出会いながら、実は私自身が幼い子どもの遊びの世界への探究を始めることになりました。

穴は、目に見えない世界を探り出す突破口のようなもの、考えてみれば口も穴、耳も穴、鼻も穴、私たちの体もたくさんの穴でできています。口が詰まっていたら話はできません。耳も詰まっていたら聞こえません。子どもたちは、まず、穴の神秘に通じる挑戦から遊びのスタートを切ったのかもしれません。

エピソード **2** ゆうや君 2歳4か月

# 幼い子どもの行為（遊び）は、その子の悩みやねがいの表現

ある日、隣のクラスの担任の先生から報告を受けました。

担任の私はつい、部屋から出ていった子どものことを把握しきれていなかったことをとがめられたような気がして、ゆうや君に八つ当たりをしてしまいました。

> ゆうや君、そんなことをしたら人形がダメになってしまうでしょ

今、考えてみるとなんと残酷なことをしてしまったかと心が痛みます。
なぜなら幼い子どもたちにとって、人形は他のものとは違う格別の思いが込められているということを自覚していなかったからです。

人形を絞り、つるしました。

ゆうや君は何かを訴えたかったよう。

> ちゃうの、ちゃうの

するとその様子を何とも言い難い表情で見ていたもう一人の担任が、

> 先生、ゆうや君、さっきスヌーピーの人形を抱きながら"スヌーピーうんち"と、独り言を言いながら部屋から出ていったんです

彼はまだ排便の自立ができていなかったので、よくパンツにお漏らしをし、その都度、保育者に抱っこされてトイレの汚物処理の流しに連れて行ってもらい、お湯でお尻を洗ってもらっていたのです。

自分自身をスヌーピーに置き換え、本人はお尻を洗ってあげる保育者になったつもりで、スヌーピーを濡らしていたのかもしれない

> そうか、ゆうや君、スヌーピーのお尻を洗ってあげていたのね

彼は初めて泣き止んで、うれしそうにうなずき、

部屋に走っていきました。

## 考察 🌱
# 遊びの中のつぶやき（独り言）に注目する

　幼い子どもにとって、自分が想い描いていたことを理解してもらったことが、どんなに喜びであることかを、痛く感じ取ることができました。「そうか、ゆうや君はスヌーピーのお尻を洗ってあげていたのか」というその子のイメージ（心の動き）を読み取り、言語化する大人の存在によって、初めて彼の行為は困ったこと（悪さ）ではなく、見立てふり遊びだったことが確認され、彼自身も自分の行為を自覚化することができたようです。

　ゆうや君にとってお漏らしをしてしまったとき、保育者に世話をしてもらった体験は、きっと心地良いことだったのでしょう。だからこそ保育者になったつもりで再現したのだと思います。まだことばで自分の思いを伝えられない子どもたちにとって、行為をすることに意味を見いだし、共に喜び認めてくれる大人の存在によって、自己表出が活発になり、自信を得ていくのだと思いました。

　もう一つこの事例から学んだことは、幼い子どものつぶやきは、目に見えないその子の心からあふれ出たことばだけに、聞き逃せないということでした。もう一人の担任が、彼のつぶやきを聞いてくれなかったら、理解できなかった彼のイマジネーションの世界でした。

　以後、私は「遊びの中のことば」の持つ大事さを知り、注目するようになりました。が、遊んでいるときは保育者が、常にそばにいるわけにはいかないので、聞きとる難しさがありました。しかし「聞こうとすれば聞こえてくる、聞こうとしなければ聞こえない」ことも真実です。聞きたい思いが私なりに聞く耳を育ててくれたように思います。

エピソード **3**　まいちゃん　3歳1か月

# ことばや身振りで「何もないものの見立て」を楽しむ

まいちゃんは、ある朝登園すると、

> せんせ、まいちゃんねじゅみちゅかまえてきたの

> ネッネズミ…

そのことばと表情から、確かに彼女は見えないネズミを見ているなと感じました。

> ほらね

> 登園途中に小さなネズミを見つけたまいちゃんは、追い掛けたのですが逃げられてしまったんです

思いがけず見つけたそのネズミを保育者に見せたかった思いが「ネズミをつかまえてきた」ということばと身振りで表現されたのでした。

さっき見たばかりのネズミに対する強いイメージと、それを何としても見せたかった思いが、何もないものを、さも存在するかのように見立てる行為を生んだのだと思いました。

## 考察 🌱
# ことばによって、人とイメージを共有できる喜び

　よく2、3歳の子どもたちが、ポケットに手を突っ込んで「はい、お金あげる」と何もないのに手渡してくれたり、指先につまんだつもりの虫を「むち、むち」と、保育者の手のひらにはわせたりすることがあります。「何もないもの」をさも在るように見立てることが楽しい時期があるようです。

　ことばで自在にイメージを表し照合できる喜びをつかんだ子どもたちは、そのことばによって、他人も同じものを見ることができることを知るのでしょうか。ことばによって人とイメージを共有し合える喜び、心と心がつながる体験をすると、盛んにないものの見立てをするようになります。「はいできた。たべて」と何もないのに差し出すのは、それがなんであるかより、相手との関わりを楽しみたいことが多いようです。

　語彙が急増するこの時期、子どもたちはその諸々のことばによって、人とイメージを共有し合える喜びをもち始めたのだと考えました。

エピソード 4  りょう君  3歳4か月

# ことばの育ちに見る人形遊び

## 考察 🌱
# ものによる自己表出から、ことばによる表現へ

なぜ自分がゾウをおんぶするのかという理由を保育者に伝えること、ただゾウのぬいぐるみをおんぶするのでなく、自分とゾウの関係を明らかにしながら虚構の世界に遊ぶようになったりょう君の姿、自分がゾウの子を守ってあげるんだというドラマをつくり出しそれを実現する行為であることに、新たな一面を発見しました。「想像力の育ち＝ドラマ作り」が始まりかけたようです。

なお子ちゃん（3歳3か月）もこれまでは「あかちゃんおんぶするの」と人形とおぶいひもを持って保育者の所に来ていましたが、「あかちゃんが、うえーんうえーんって、泣いてるからおんぶするの」とおんぶする理由を話してくれるようになりました。

自分のイメージしていることをことばで表現しながら、人にも分かってもらおうとことばで伝える力が少しずつ育ってきました。伝わる心は、繋がる力になっていくことをつかみ始めたのでしょうか。ことばの獲得は、まさにコミュニケーション力・分かち合いであることを学びました。

あかちゃんが、
うえーんうえーんって、
泣いてるから
おんぶするの

エピソード **5**　しんご君　3歳 　さとし君　3歳1か月
りょう君　3歳2か月

# 一人のことばから
# イメージがつながって

## 考察

# イメージや意図を
# 伝達し合う "ことば"

　私は、『それぞれに子どもたちは乗り物を走らせることが上手になってきたな』と思って見ていたのですが、子どもたちの中には、街を走る運転手さんや憧れの大人になったつもりで、三輪車や乗り物を走らせて遊んでいた子もいたわけです。その一人、しんご君が保育者に「ガソリンスタンド　どこですか」と聞いたことがきっかけになり、単なる乗り物で走り回るという遊びが、ごっこ遊びに社会化していきました。子どもから子どもへ、イメージや意図を伝達したものがしんご君のことばと行動でした。3歳前後の子どもたちのイマジネーションの豊かな育ちに出会えた気がしました。

　それにしても一人ひとりのことばのやり取り、イメージの表し方の違いが愉快でなりませんでした。

ガソリンスタンド
どこですか

エピソード **6** れい子ちゃん 5歳  まさし君 4歳
ゆりなちゃん 5歳

# 豊かな体験から広がることば

4歳児クラスは例年、園から50分歩いて農家の畑でのイモ掘りをします

わあっ、おっきいの、れいちゃんちの家族とおんなじ。パパとママとれいちゃんとつむぎちゃん（妹）

ぼくは3人家族だから3つの掘るからね

それを聞いてゆりなちゃんは

あたしんちは、おばあちゃんもいるから5人家族、そうだシロ（犬）もいるから6人…？

犬は人じゃないから家族じゃないよねえ、まさし君？

だけど5つもつながってるの取るの大変だね

そいじゃあ、ゆりなちゃん、手伝ってあげる

うんとこしょどっこいしょ

うんとこしょどっこいしょ

まさし君も一緒に手伝います。

れい子ちゃんの、おイモを家族に見立てる言動から、5人家族のゆりなちゃんの家族の分まで引っ張り当てた3人の姿に思わず拍手でした。

考察 🌱

# 概念語を使うようになる

　4〜5歳になると、「家族」という概念語が使えるようになってきます。個々のものから、ある共通する性質を抽出し、まとめる力を概念化と言いますが、その力が言語面にも生かされてくるようです。この時期子どもたちは、ゆりなちゃんと同じようによくペット動物を家族に入れたがります。というより、家族という概念がまだはっきり理解されていないのでしょう。が、れい子ちゃんの「犬は人じゃないから、家族ではない」というそのことばに、ゆりなちゃんは少し納得できたのだと思います。れい子ちゃん

のような概念語をわきまえて使えるようになることが、ことば機能の発達を意味します。
飛行機や自転車やパトカーは乗り物、電車も乗り物の一種、など概念形成が活発になると、それぞれのものの共通性や、全体と部分などを捉える力も発達していきます。

　それにしてもれい子ちゃんの「家族」ということばに刺激されるかのように、他の子も"我が意を得たり"と言わんばかりにイモ掘りを楽しむ姿、忘れることができません。

エピソード **7**　みゆきちゃん　6歳　　なおちゃん　6歳　
はるなちゃん　6歳

# ことばで広がる　ごっこ遊び

5歳児クラスの子どもたちが、小学校で入学の
ための身体検査を体験した11月頃から、
保育室でよく「学校ごっこ」をするように
なりました。

今日は私が
先生になるん
だからね

みゆきちゃんが、
机の前に
張り切って
立ちます

今日は絵を描きます。
これから紙を
くばります

はーい

はーい

先生、私の紙がありませーん

時々わざと
紙をもらわずに、
丁寧語を使って
訴えることも
ありました。

このような「学校ごっこ」で
先生や生徒になって繰り返し
遊びながら、いよいよ園生活も
残り少なくなり、3月を迎えました。
「学校ごっこ」は相変わらず活発でした。

手提げ袋に絵本コーナーから抜き取った
絵本を数冊入れて挨拶し席に座ります。

先生おはようございまーす

先生役のみゆきちゃんが

はい、それではこれから勉強を
始めます。教科書出してください

先生、
教科書忘れました

それじゃあ隣の人に
見せてもらいなさい

わたしの、
見せてあげる

そいじゃあ、
いいですか。
はるなさん、
読んでください

ちょうどそこに園長先生が5歳児クラスの
担任に用事があってやってきました。
なおちゃんが、

あっ、園長先生！

うれしそうに
呼ぶと…

ここは学校、
園長先生じゃ
ありません。
校長先生です

そのことばに
思わず吹き出してしまいました。

## 考察 🌱
# ごっこ遊びはことばの発達を助長する大切な場

　ごっこ遊びの中で子どもたちは、それぞれの役割、状況にあったことば使いをしています。生徒役の子どもは、普段なら「忘れちゃった」などと言うのですが、学校ゆえに「教科書、忘れました」とか「紙がありませーん」など丁寧語で話します。

　また、ごっこ遊びの最中、何か予期せぬことが起きると、繰り返しやってきた“おきまりのやり取り”では対応できなくなります。現実は「園長先生」でも学校ごっこゆえに「校長先生」です。そういう時こそ、ことばを創造的に使うチャンスです。そういう意味でごっこ遊びは、TPOにふさわしいことばを生み出し、表現する練習の場になっているといえましょう。

　子どもたちは虚構の世界を生み出しながら、そこで自分のねがいや悩みを表し、その時々を楽しく生きています。そのような時、想像力は、今をどう変えていきたいかという意志表示、即ち創造のエネルギーと言えるのかもしれません。

ねがい　　なやみ　虚構の世界　創造の　エネルギー

# 子どものことばの育ち

第1章のエピソードの子どものことばから捉えた育ちの様子です。参考までにご覧ください。

| | 0歳 | 1歳 | 2歳 | 3歳 | 4歳 | 5歳 | 6歳 |
|---|---|---|---|---|---|---|---|
| 自我形成 | | 1歳6か月<br>●「いやっ」「だめっ」と自己主張 | 2歳4か月<br>●自我・抵抗<br>2歳7か月<br>●葛藤 | 3歳5か月<br>●自我意識の拡大・主体性 | | | |
| 自己統制力が養われる | | | 2歳6か月<br>●悪たれことば「やっぱし」の獲得<br>2歳7か月～10か月<br>●自分の願望を表す<br>2歳8か月<br>●ことばを羅列し感情をおさめる | 3歳<br>●「つもり」で我慢 | | 5歳<br>●けんかを経験し、気持を調整していく<br>●「いやだけれど…やるか」<br>5歳～6歳<br>●「もしも」で相手の立場になって考える＝客観的自我の育ち | 6歳<br>●内言の育ち |
| 他者との関係を築くコミュニケーション力 | 5か月<br>●笑い合う | 1歳10か月～1歳11か月<br>●他児とのやり取り | 2歳2か月<br>●モノを投げる、乱暴する＝友達への関心の芽生え<br>2歳4か月～5か月<br>●「ふたりともだね」<br>2歳10か月～3歳<br>●友達と体を寄せ合っていたい<br>2歳11か月～3歳1か月<br>●「ふたりのせんせだもんね」 | 3歳9か月～4歳<br>●強い子に引っ張られて遊ぶ | | 5歳<br>●「仲間外れ」<br>●「仲間っていいね」 | |
| 思考力や認識の発達 | | 1歳2か月<br>●絵本との出会い<br>1歳3か月<br>●自分の影におびえる<br>1歳8か月<br>●「おむつとりかえて」<br>1歳7か月<br>●第一質問期「これなに？」 | 2歳<br>●擬人化<br>●アニミズム<br>2歳2か月<br>●つもりやイメージを表す<br>●見立てやふり | 3歳<br>●第二質問期「なんで？」 | 4歳<br>●第三質問期「じゃあいいよ」 | 5歳<br>●「ぜったい」「だって」<br>●会話や対話、人との共同的思考 | 6歳<br>●複数の判断を結び付ける |
| 遊び | | 1歳5か月<br>●マットの穴 | 2歳4か月<br>●悩みやねがいの表現 | 3歳～3歳2か月<br>●ことばからイメージを広げる<br>3歳4か月<br>●人形遊び<br>3歳1か月<br>●見立てを楽しむ | 4歳～5歳<br>●豊かな体験からことばが広がる | | 6歳<br>●ごっこ遊び |

# 第2章

現在の
子どもたちの
ことばをめぐる課題
Q&A

## Q.1

1歳5か月　男児

# 指さしするのになかなか ことばらしいことばが出てきません。

## A

### ことばの育ちには個人差がある

指さしはことばの前兆ですが、ことばの育ちは個人差が大きいものです。

生後10か月から1歳にかけて発見の喜びや驚き、「なんで？」と疑問に感じることを、大好きな大人に伝えようと盛んに指さしするようになります。

さらに自分の欲しい物があると指さしと同時に「あっあっ」と声を出して大人の注意をひこうとします。

人差し指をコミュニケーションの道具として使うようになってきたのです。そうなってくるとことばが出てくるようになりますが、ことばの育ちは個人差が一番大きいので、まずは他の子と比べないことが大切です。2歳頃までに意味のあることばが出てくればほとんど心配ありません。

## 【対応】

### 保育者が代弁する

ことばが出るか出ないかよりも、**ことばを聞いて理解し行動がとれているかどうかが重要**です。「お散歩に行こうか」と言えば靴を履きに行ったり、「歯磨きしようか」と言えば洗面所に行くなど、ことばと行動が結びついているかどうか日頃の様子を観察しましょう。

また、まねっこする力も大切です。大人の言ったことばを楽しんで繰り返すようなら、人への興味や関心も育っているあかしです。ことばで言えなくても声を出してやり取りが成立するようなら、コミュニケーション力も育っています。

子どもが「ワンワン」と一語文で話したら一語で言い表せない隠れたことばを代弁し「ワンワンがいるのを見つけたのね」などと、その子が伝えたいと思っている気持ちを丁寧にことばにしましょう。やがて子どもはそのことばを聞いて二語文三語文が言えるようになっていきます。

## Q.2

**1歳7か月　女児**

# 自分の思うとおりにならないと、物を投げたり奇声を発します。

## A

### 自己主張の表れ

奇声を発するということは、自己主張の表れと見ることができます。

喃語を話すようになる乳児なら声を出すのが楽しかったり、興奮して奇声をあげることもあります。それが1歳頃になると自分でいろいろできるようになり自己主張が強くなって欲求が激しくなります。でも上手に言葉にできないためイライラして奇声を発したり、物を投げたりしてしまうのです。

### 【対応】

### 子どもの思いをつかむ

奇声を発したときには「そんな大きな声出しちゃダメ！」とただ叱るだけでは子どもはますますエスカレートしてしまいます。「もし今、ことばが言えたら何て言うだろうか？」と子どもの思いをつかんで、「まだ遊びたいの？」「これが欲しかったの？」などと、その子が奇声の代わりに本当に伝えたかった気持ちをことばにしましょう。

大人と通じ合える喜びを感じとることで子どもの気持ちが安らぎ、やがて会話の楽しさを知ることにつながっていきます。自分で思ったこと訴えたかったことなどを、ことばで言えるようになると奇声を発したり物を投げるといった行動は減っていきます。

Q.3

3歳手前　男児

「キレイクナイ」とか
「カルシュピのんだ」などと、
ことばの誤りが多いです。

キレイクナイ

# A

## ことばの誤用の背景を捉える

　例えば「キレイクナイ」という誤用はどのようにして生じたのでしょうか。オモシロイ→オモシロクナイといった形容詞の否定形を数少ない形容動詞の「キレイ」に誤って汎用して「キレイクナイ」となってしまったと考えられます。

【 対応 】

## 正しいモデルを示す

　既に述べたように、認知能力の未発達によって大人の目には誤りと見える表現が見られます。大人が正しいモデルを示すことはよいのですが、言い直しをさせる必要はありません。

Q.4

3歳児　男児

# 今まで普通に話していたのに、急にことばがつっかえるようになりました。

## A

### 心因性の場合も

　ことばが詰まるという現象には、いろいろな原因が考えられます。ことばの発達から考えられること、原因不明の一過性のものから心因性の場合もあります。

　いろいろなことばを次々に覚え、自分の考えていることを話せるようになってくるのが3歳児です。ただ早く話したくて、つい焦ってことばがうまく出てこず、「おおお菓子」とか「ああ明日」など詰まることもあります。また環境の変化で起きることもあります。例えば、下の子が生まれたとか、保育園に入園することになったなど、心因的なことにより発生することもあるので、子どもを取り巻く環境を一度見直してみましょう。

### 【対応】

## せかさず、ゆったりと聞く

　子どもの話をじっくり聞かず「早く言ってちょうだい」などとせかすと吃音になりかねません。さらに輪をかけて大人に「もう1回ちゃんと言ってごらん」「おおじゃなくてお菓子でしょ!?」などと強い口調で言われると心がかたくなになってしまい、ことばが引っ込んでしまいます。

　意識させることで吃音がひどくなり話すのを嫌がるようになってしまうことが最も心配です。せかさずじっくり子どもの話を聞くことが大切です。そして伝わったことを「よく分かったよ」とことばに出して安心させてあげましょう。環境の変化によるものならことばに詰まっても、気にせずゆったり聞いてあげることです。環境が変わって不安になっている子どもの心に寄り添ってあげてください。

## Q.5

> 4歳児　男児
>
> 「先生靴ない…」「折り紙」「やめろ」など、
> 一語文や簡単な文で
> 用を済ませてしまいます。

先生、靴、ない

## A

### 主文の理由を説明する文が整っていない

　話しことばがあまりに短いと相手には、何を言おうとしているのか理解できません。これらのことばは聞き手にとっては何通りもの意味に受け取れ、判断に迷うこともあります。例えば、「靴ない」は「先生、上靴をもってくるのを忘れた」とか、「ここに置いたぼくの靴がない。先生知らない?」「○○ちゃんの靴がないんだって」とも取れますね。「折り紙」についても「折り紙が欲しい」のか「折り紙入れの棚の、折り紙がなくなっている」のか「折り紙をやりたい」と言ってきているのか、いろいろと考えられます。人に自分の考えを理解してもらいたいときには、相手に分かってもらえるような文章語で話さないと通じません。

　つまり、「何が何だ」「何をどうする」「○○だから○○してほしい」というような主語・述語の部分や、主文の理由を説明する文が整っていないために理解が困難となるのです。

## 【対応】

## 「○○がどうしたの？」など詳しい表現を求める

　園でも家庭でも子どもが一語文で用を足すことのないよう、根気よく指導を積み重ねることが大切です。保育者も保護者も忙しいとつい、子どもが不十分な言葉で表現するのを補って聞き、その意味をくみ取って返事することが多いようです。家庭では子どもが「水！」と言えばさっとコップの水が目の前に出てきたり「ぬれちゃった」と言えば、タオルと着替えの服が出てきたりしますね。

　「水がどうしたの？　どこかにこぼしちゃったの？　それとものどが渇いたから飲みたいの？　先生わからないわ」と伝え、詳しい表現を求めるようにしましょう。

## Q.6

**4歳児　女児**

# 入園して4か月。
# 家ではよくおしゃべりするのに、
# 園では全くしゃべりません。

## A

### 人見知りがある子、自我が強い子に多い

内気で不安が強い性格の子に見られます。しかし、人前で恥をかきたくないという気持ちから、かたくなに口を閉ざしてしまう子もいます。保育者が何か話し掛けると首を振って応じたり、ちょっと強い語調で聞くと上目遣いでじっと見て、ますますかたくなに口を閉ざしてしまいます。友達とは打ち解けて話すようになっていますから、知らない大人に対しての緊張が強いのだと思います。

### 【対応】

### しぜんの会話の中で声を出せるように

決して話させよう・答えさせようとせず、しぜんな会話の中で保育者や友達とのことばのやり取りに親しむようにします。うなずいたときは「分かってくれたのね。うれしいわ」とことばにしてメッセージを送ります。なじんでくると「うん」「違うよ」など短いことばを発するようになります。そのことを大げさに喜んだりせず、ごく普通にやり取りし、話せたことを意識させないことも大切です。

また鬼ごっこやじゃれつき遊びなど開放的な遊びでスキンシップを取り、体も心も開放して笑い合うことが大事です。

まずは友達と一緒に遊ぶことの楽しさを伝えましょう。歌とか詩を友達と一緒に唱和したり、掛け合いができる歌なども声が出やすいのでいいと思います。

最初は友達のまねをして口を動かすだけでも、続けていくと声が出るようになっていきます。

Q.7

## 5歳児　男児

# とにかくすぐ泣くので強く叱ることができません。

## A

### 「泣く＝弱虫」ではない

　泣くのは弱虫だからではありません。同じ泣き虫にもタイプがあります。自分に自信が持てないなどです。まずはどういうことですぐ泣くのかを見極め、それに合わせて対処しましょう。ただし、「泣く＝弱虫」という先入観をもつのはどうでしょうか。特に男の子には強いイメージを押し付けがちですが…。子どもは（大人だって、人間は皆）泣くことで気持ちをすっきりさせることができるのです。泣くことによって精一杯の表現をしている子もいるのです。泣くことにマイナスイメージをもたせないようにしましょう。

### 【対応】

### 泣く理由を見極め、解決方法を考える

　「鉄棒ができない」「うまく字が書けない」など自信が持てなくて泣く子には「きっとやれるようになると思うよ」と励まして、できないというレッテルを貼らないようにします。励ますことで「ぼくもやれるんだ」という気持ちにさせてあげることが大切です。

　感受性の強い子は「泣きたかったら泣いていいのよ」と受け止めることも大事です。ただし要求を通そうとして泣くことを武器にしている場合には、子どもの言いなりにならないこと。泣いても思い通りにならないということを体験させ、泣く代わりにどうしたらいいかを伝えましょう。

　子どもが泣いたからといって大人が動揺することはありません。泣くことで自分の気持ちを吐き出しているからです。しっかり泣かせてあげ、すっきりしたら一緒に解決方法を考え、子ども自身が自分で何かをできるようにしていくことも大切です。

# Q.8

どうしたら
いいの？

> **5 歳児　男児**
>
> ## 落ち着いて話を聞くことができず、注意しても 2 〜 3 分も持続しません。

# A

### 映像、視覚を伴って聞くことが中心の環境が一因

　考えられることの一つは、テレビやスマホなどの影響によって映像・視覚を伴って聞くことが中心となった育ち方をしているためかもしれません。視覚による助けがないと話に集中できず、じっくり聞けなくなるようです。一方、保育者側の問題としては、どの子にも分かるよう話しているか、退屈させないように話しているか、が常に問われなければなりません。

　幼稚園や保育園、学校でも先生の話が聞けず、授業に集中できない子どもが多くなっています。集中できる時間が短くわずか5分も経たないうちに落ち着かない状態になって授業がたびたび中断されると言われます。

　これは単に子どもだけでなく、最近、研究会や保護者会などでも同じような状況が見られます。話がおもしろくない、難しい、直接自分に関係ないと、すぐに身勝手なおしゃべりを始めるなど聞こうとしない傾向があります。

　子どもの問題はまさに大人がつくり出していると言えます。

## 【対応】

# 子どもの話をよく聞く

　まずしてほしいことは、子どもの話を聞いてあげることです。話が落ち着いて聞けない子は、情緒的に不安定な状態にあります。それにはさまざまな要因が考えられますが、主に日頃の親子の関わり方に起因していると言えるかもしれません。その一つに親が子どもの話をよく聞いてあげていないという問題があります。子どもは、見る、聞く、触れるもの全てに驚き、感動し、発見したものを母親や大人に伝えようとします。それを聞いてもらえることで満足し、情緒的にも安定するのです。ところが、ともすると大人はせっかちに「早く」とか「後で」と子どもの気持ちを無視し、大人の都合で一方的に命令や指示の言葉ばかりを浴びせがちです。

　話を聞ける子どもにするには大人が子どもの話をよく聞いてやり、それに応えてやることです。必ず聞いてもらえるという安心感があると、人の話も聞ける子どもになっていきます。

　それから、落ち着きがないと思われている子が座る位置を、なるべく一番前の保育者とのアイコンタクトが取りやすいところにすることも一案です。手を握ったり、肩に手を添えたりしながら親密な距離で話すことで、段々聞く意欲が湧いてくることもあります。まずは落ち着きのない原因を考え、対応していきましょう。

　また、大人自身の態度を改めていくには、次のことが考えられます。最も問題なのはＴＶのつけっ放し、音楽の流しっ放しという生活環境です。絶えず、テレビやラジオからことばや音楽が流れていて、それを聞くともなく聞き流している生活の中では、遊びながら聞く、何かしながら聞くなど、幼い子どもは、大人のように都合の悪い音や話をスイッチオフにして聞き入れないというようなことができません。皆耳に入ってきてしまいます。耳を傾けて聴こうとするのでなく、耳に入ってくるから聞くという違いが生じてきます。

　この問題を解決するにはまずテレビをつけっ放しにする生活を改めることです。全面的にテレビを無くすことは無理なことでしょうが、時間を限定して見ることは可能です。例えば、番組を選択して１日３０分とか１時間に決めてその時間だけ集中して見るようにする。この約束をきちんと守れるように親子で努力してほしいです。

**Q.9**

## 5歳児クラス

# 乱暴で攻撃的なことばばかり発するので、他の子に影響するのではと心配です。

## A

### 一方的に否定されると心を閉ざしてしまう

日頃一方的に大人から拒否されたり否定されたりすることが多すぎるということはないでしょうか。「何やってるの」「またこんなことして！ いやだね」「言うこと聞かない子はもう連れてこないから」など。

子どもはなぜそうなったかを聞いてもらえず、一方的に否定されてしまうので「分かってもらえない」「うるさい。聞きたくない」と心を閉じてしまいます。この受け止めてもらえないイライラがたまりにたまってしまうと反撃するように乱暴で攻撃的なことばを発するようになることがあります。

また家庭でお兄ちゃんなどが使っていることばや、テレビなど見て大人が言ってるんだからと覚えてしまうことばを、良い、悪いの判断もなくまねして使っていることもあります。

## 【 対応 】

## 乱暴なことばと暴力のことばの違いを理解させる

　電子メディアが普及し、テレビや大人の世界にこれまでよりも頻繁に接する機会が多い今の子どもたち。周りの大人が気を付けていても知らぬ間に乱暴なことばを覚えてしまいます。また乱暴なことばを、カッコいいと捉え、「オレ○○○しちまった」などと声高に話します。乱暴なことばを使ったとしても人を傷つけるわけではないので問題はありません。聞いていた大人は、笑ったりせず、無視して聞き流すか、「もっときれいなことばで話してほしい」と伝えましょう。

　決して使ってはいけないことばは、人を傷つける「暴力のことば」です。「チビのくせに」「あの子変な顔」「いないほうがいい」「こんなこともできないのか」「デブ」「死んでしまえ」など。

きれいなことばを話してね

　自分自身ではどうにもできない人格や存在を否定するようなことばの暴力は、言われた子はいつまでも心に傷が残り、言われたことからなかなか立ち直れません。

## 毅然とした態度で厳しく叱る

　子どもが暴力のことばを言っているのを聞いたら、その場で「今何て言いましたか？　それは人を傷つける暴力のことばではないですか。二度と言ってほしくないです」と。周りの大人が真剣に厳しく叱らなければなりません。

　暴力は誰にでもとがめられますが、ことばの暴力は、なかなかそうはいかないので、小さな頃から言ってはいけないと杭をしっかり打っておくことが大切です。園などでは一人の子が言ったとき、子どもたちに共通の問題として話し「皆も決して使ってはいけないよ」と伝えます。人の心が傷つくことをしっかり理解させたいですね。そうすると大人がいない所でもお互い注意するようになります。

　また「暴力のことば」を使ってしまった場合、勇気をもって謝れることも大事。子どもは反応があると、ついからかって言ってしまうこともあります。だからこそ「ごめんね」と謝る勇気を引き出しましょう。謝ることは自分自身に言い聞かせる力にもなります。

どうしたらいいの？

## 5歳児　男児

# 保育者や友達とはよくおしゃべりしますが、コミュニケーションが取れません。3歳から入園しているのですが親しい友達や仲間ができません。

でさ～

でも～

ペラ

ペラ

そしたら～

## A

### 「人には伝わらないのが当たり前」の感覚

　ことばには「話す」「聞く」「書く」「読む」の４つの機能があります。「話す」「書く」は説得的言語、いかに自分の考えを人にアピールするかです。「聞く」は受容的言語で、相手の気持ちを受け止め互いに分かち合っていくという機能です。現在は大人も子どもたちも聞く力が弱く、難聴の時代などといわれるようになってしまいました。その要因と考えられることについては、「序章１. 日常生活の中でのことばのやり取りが激減」で述べています。いずれにしても親しい大人からよく聞き取られる経験をした子が、人の話を聞けるようになるということ。乳幼児期から日常的に自分の思いを聞き取られる生活を得られなかった子どもは「人には伝わらないのが当たり前」だと感じ取ってしまい、そこからコミュニケーションの喜びを失ってしまうことが考えられます。

### 【対応】

### 話をよく聞き、共通の話題を引き出す

　しゃべるというのは相手に通じていなくても言いたいことばが出てしまう状態を意味します。子どもたちはよくしゃべっているのだけれど、誰かのまねだったり相手の話すことを聞こうとしなかったりするので「伝わる力＝つながる力」になりません。

　大人とのことばのやり取り、会話や対話をあまり経験していない子（自分の思いをじっくり聞いてもらうことがなかった子）は、自分がしゃべりたいばかりで人の話を聞こうとしない傾向にあります。けれどもその子の話をよく聞き、そこから共通の話題を引き出して語ることで、少しずつ会話が成立するようになります。

# 第3章

## 聴く力を育む

# 1.
## 最初の3年間 みんな聞く力を もって生まれてくる

人がこの世に生を受け、最初に出現する言語的能力は、聞く力です。聞くことをもとにして話す力が発達し、その後読む力、さらに書く力が形成されます。つまり、全ての言語的コミュニケーションの能力は、聞く力から出発します。人生のいつ頃から聞くことが開始されるかというと、受胎後6か月くらいにはすでに聞く反応が見られるといわれています。胎児が聞くことを開始すると、それ以降、毎日聞くことになるのが母親の声です。だから出産時にはその声を記憶して生まれてくるといわれています。

発達心理学の無藤隆氏は、著書の中で、胎児にはさまざまな情報を受け取る能力が備わっているとして、次のように述べています。

「外からの刺激として特に重要なのは、まわりからの音声である。胎児は、妊娠後期には聴覚器官が相当に発達しており、まわりの音、とりわけ母親の声を聞き取ることができる。ある研究では、妊婦に出産前の数週間にわたり、いくつかの文章を声に出して繰り返し読ませた。すると出産後にその新生児は、体内で聞いたことのある文章の方を、聞いたことのない文章よりも好んだのである。」
（『赤ん坊が見た世界』無藤 隆　講談社 1994）

上記の通り新生児は聴覚面の知覚や識別、記憶において優れた力を発揮します。そして、その後一生にわたってことばを使ったコミュニケーションをしていくことになります。まさに、聞くことがあらゆる言語的能力の発達の基礎になるといえます。だから、聞く力に何か問題があったり、あるいは何かの事情で生後一年くらいの間に、聞くという経験が十分になされなかったりすると、言語的コミュニケーション能力全般の発達が阻害されると言われます。それは、コミュニケーション能力の低さと同時に、学習能力の低さにもつながるのではないでしょうか。要するに、聞くということは、コミュニケーションと学習という、生きていく上で最も重要な二つの働きを支える土台になります。

ところが今、この聞く力が弱くなり、コミュニケーション力や学力の低下が課題になっていますが、ここでは、聞く力がどのように育っていくのか、そのプロセスについて考え、聞く力を育む環境と保育について述べてみたいと思います。

# 2.
# 聞く力を育む
# 保育実践
## 一喜んで聞こうとする
## 態度を育む一

### ①乳児期

　乳児期は三つの感覚的協応によるコミュニケーション（分かち合い）が成立していきます。

### Ⅰ. 視覚的協応
**アイコンタクト（見つめ合い）や共同注視**
「目は感情の窓」相手の目を見て今どんな気持ちでいるのか人の気持ちが分かるようになること、子どもが興味をもって見ている同じものを見て心が通い合う体験が、分かち合いの基本的な力を育むと言えるのではないでしょうか。

### 2. 聴覚的協応
乳児が泣いたり、笑ったり、表情で訴えたり、喃語を発したりしたときの、ことばにならないさまざまなサインを大人はしっかり聞き取り、その行為を意味づけていきます。例えば3か月頃になると乳児は喃語を発するようになります。その声を聞きつけた大人が「うーうーってお話できるようになったのね」などと互いに音声を出し合い、声によるコミュニケーションを成立させます。やがて「マンマ」というようなあいまいな声を発したときなど、大人は喜んで「あらあらマンマって言えるようになったのね、マンマね。はいはいマンマにしましょうね」などと食べ物を差し出します。要するに、大人によってことばにならないさまざまな行為の意味づけをしてもらい、ことばを社会的な行為として使えるようになっていきます。

### 3. 触覚的協応（スキンシップ）
いつもスキンシップによる心地良い触れ合いを感じながら相手を感じ取っていきます。

　以上の感覚的協応（聴き取り合う関係）が、乳児の話したい伝えたい表現意欲を引き起こしていくことは言うまでもありません。

さらに、まだことばを話せない乳児への母親の語り掛けには音楽のような独特の心地良さがあります。それをマザリーズと呼んでいます。マザリーズには次のような５つの特徴があると言われます。

ア　言葉のイントネーションが大きいこと
イ　しゃべるテンポがゆっくりであること
ウ　声のトーンが高いこと
エ　言葉を何度も繰り返すこと
　　絵本やお話を子どもに聞かせる際、一番最初に覚えるのが、繰り返しのあるリズミカルなことばです。
オ　優しい声と笑顔を伴うということ

「人類の最初の言語は歌であった」とヘルダーが言っています。聞いている心地良さ、喜びが大きいこと、その体験こそが乳児の心を揺さぶり、「聴く力」を豊かに育んでいくのだと思います。

乳児は、音の世界に鋭く響きながら「聴くこと」に全力を傾けています。特に人の声に敏感です。その声とともに母親がそばに来てくれるという期待感が生まれてくるのだと思います。そして期待通り、母親の顔を見ると、乳児は全身で喜びを表します。人に対する絶大な信頼感を、全力で聞こうとする態度で表しています。

今、子どもたちが大人の話に耳を傾けようとしないのは、人への信頼が希薄になっているためと考えられないでしょうか。

### ②幼児前期（おおむね 1、2 歳児）

　この時期、子どもの行動で表される非言語メッセージをどれだけ親身になって受け止め理解できるかが、子どもの聞こうとする気持ちを引き出す最も重要なことではないかと考えています。エピソードからその意味をくみ取っていただきたいと思います。

## 乱暴な行為の意味…
## 実はお父さんの働く姿

　まもなく 2 歳になろうとするみつる君が、園庭で長い柄のついたプラスチックのスコップを地面にたたきつけていました。それを見た保育者は、「そんな乱暴にするとスコップが壊れちゃうからやめなさい」と、注意をしたのですが、みつる君は同じ行為を繰り返すばかりで、保育者の言うことを一向に聞き入れませんでした。しばらくするとみつる君は、コンビカーにまたがり、スコップを後ろに乗せて移動し、他のところでまたバシッバシッとスコップを地面にたたきつける行為を始めました。その行為を見て追い続けていた保育者は"ハッ"とした様子。すぐみつる君のところに行って「みつる君は、お父さんになって工事のお仕事してるんだ」と声を掛けるとみつる君はとてもうれしそうにうなずき、保育者の顔を見てにっこり笑いました。

　この事例から分かるように、岩田純一氏も次のように述べています。

> 「子どもが最も聞く気になることばは、今、自分が関心や注目を向けていることがらに関してです。自分の興味や関心とつながるからこそ、

　それに耳を傾けようとするのです。そのとき、自らの不十分なことば表現に形を与えてくれる保育者のことばかけこそ、子どもにとって学ぶべきモデルとして受肉化されていくのではないでしょうか。ことばの発達にとっては、言語刺激が重要なのではなく、自らのことばや身振りを使って"やりとりする人"の存在こそ必要なのです」（『発達 35』「ことばの発達に必要なもの」岩田純一　ミネルヴァ書房）

## 自我に芽生え、
## 自己主張が強くなる時期

―まずは子どもの主張を聞き、対話を丁寧にする―

**１歳半から２歳半頃**

　１歳半から２歳頃にかけ、子どもは「もう片付けてごはんにしよう」などと言われると決まって「いやっ」「だめっ」という拒否のことばを発し、『もう僕は赤ちゃんじゃないんだから命令しないで。自分で決めるからいいんだよ』といった自己主張をするようになります。大好きな両親や保育者の提案を拒否することで大人とは違う自分、大人の言うなりにはなりたくない"我"の存在を主張するようになってきます。この時期こそ、他者の要求とぶつかり合い、自分の要求がいつも通るわけではないことを学ぶいいチャンスです。子どもにとっては初めて体験する「人とのぶつかり合い」です。将来起きうるいろいろな人との葛藤を前向きに経験していけるようになるためにも、この時期、信頼できる大人とのぶつかり合いは欠くことができないことです。互いの思いの違いからぶつかり合ってもまた結び付くという「違いを乗り越えて結び付く」真のコミュニケーションを学ぶことになります。ともすると拒否を連発する子どもたちに「だめですよ」「いけません」と大人の側の一方的な圧力でしつけようとすることがありますが、それではせっかく芽生えた自我の芽がつみとられてしまいます。

まずは子どもの
主張を聞き

**①子どもの主張を受け止める**
　「そう、○○のことがいやだったのね」と子どもの主張を受け止めます。受け止めるということは相手の訴えを聞き、理解しようとすることです。何でも相手の主張を受け入れてしまうことではありません。子どもは自分の主張を否定されるのではなく聞いてもらえることは特にうれしいことです。

しばらく待って
気持ちがおさまったら

**②大人の考えを述べる**
　「でも私はこう思ったのよ…じゃあどうするか○○ちゃんが決めてね」など、大人の考えを述べます。

そこで

**③子どもに決めさせる**
　大人がまあいいか…と折れることもあれば、子どもが長泣きの後、大人の思いを受け入れることもあります。子どもが他者と折り合うことができるときには、「自分の思いを受け止めてもらっている」「理解されている」「尊重してもらえた」というその人への信頼感が生じていることが何より大切だと思います。

子どもの感情やつもり、葛藤を受け止め、切り返す、それは必ずしも受け入れることではありません。すなわち、子どもの心のありよう（真実）を知ることによって、相互信頼の礎を築く方法です。そして子どもの心のありようを、自分のことのように代弁し、共感する大人がいるからこそ、子どもは自分の思いやつもりを意識化し、やがて言語化していけるようになります。

しかし、矛盾しているようですが、子どもの感情や行動、そのつもりをことばにしないことも時には大切なことです。実際は、不定形な動き、意味不明な感情や行為の方が多いかもしれません。ことばですくい取れないものを言語化してしまうことで、消えてしまうことがたくさんあります。そんなときは沈黙です。その沈黙の時がその子自身の思いやことばを発酵させてくれます。大切なことは言葉がなくても通じ合えるということです。

## 2歳後半

また、2歳後半になってくると、たとえ自分の要求が通らなくても、つもりを分かってもらえれば、我慢できる自律心の芽が育っていきます。聞いてもらえたという喜びが激しい感情を静め、やがてどうしたらよいのか、自身で判断する力がついていきます。反対に、無視されたり、軽んじられたりすることには、我慢ができないようです。なぜなら、何より大切な自分への誇り、自尊心が発達してきたからです。

特に多いこの時期の子どもの激しい感情の動揺に対して『子どもと悪』という本の中で、河合隼雄氏は次のようなことを述べています。

「『元気で明るいよい子』好きの大人は、子どもが怒ったり悲しんだりするのを忌避する傾向が強い。『泣いてはいけません』『そんなに怒るものではありません』と注意して、子どもはいつも明るくしていなくてはならない。このような人は1年中『よい天気』が続いて一度も雨が降らなかったら、どんなことになるのか考えてみたことがあるのだろうか。子どもの成長のためには、泣くことも怒ることも大切だ。人間の持ついろいろな感情を体験してこそ、豊かな人間になっていけるのだ。」

（『子どもと悪』河合隼雄 岩波書店 P.121）

試行錯誤しながら子どもたちは徐々に自分の行動をことばに置き換えていきます。「団子を固くするには白砂まぜるんだよね」などと興味ある体験を積み重ね、それをことばに結び付けていくことによって、行動は思考へ高められていきます。「白砂かけたら固くなった」という体験はやがて「こうすればこうなる」という考えを生み出す力に変わっていきます。3歳未満児は、人への信頼を厚くしながら聴く喜びを広げ、豊かな体験を通して自分なりのことばを獲得していくものだと思っています。

## 快感情を共有し、
## 子どもたちに安らぎを届ける

　泣いている子どもを見ると、つい「泣いてちゃ分からないよ。ことばで言ってごらん」と言い、子どもの泣かずにはいられない思いを分かってあげることが後になります。しかし、一昔前は、泣いている子を膝に乗せ「ほれほれ雨が降り出した。おてんとさんは昼泣いて、お月さんは夜泣いて、夜明けにゃ星がまた泣いて、いつまでたっても泣き止まぬ…」と、ゆったりした口調であやしことばを唱えてきたと聞いています。昔からのあやしことばや唱えことばには、人々の子どもへの愛情が豊かに込められていたように思います。それがことばの響きに乗って、幼な子の感性にしっかり受け止められていたのではないでしょうか。

　こうした昔から大人が子どもたちに口承してきたことばは、生活に溶け込んだ楽しい声のスキンシップ、つまりはことばで大人の愛情を送り届け、心を和ませる力が息づいていました。

　生活のスピードアップに伴い、大人は忙しい忙しいと時間に追われ、子どもたちの生活まで「早くしなさい」と追い立てています。このような日々の生活にあって子どもたちは「ことばっていいものだな…」と、聞く喜びをもつことができるでしょうか。そこでぜひ昔から口承されてきたあやしことば、唱えことばを、子どもたちに届けていただき、安らぎとゆとりを生み出す生活をと願わずにはおれません。

## 眠らせことば

（眠くてぐずっている子には…）

「おろろん　おろろん　おろろんよう
　　おろろん　おろろん　おろろんよう」

「ほらねろ　ねんねろ　ねんねろやーや
　　ほらねろ　ねんねろ　ねんねろやーや」

## 泣いている子に語りかける
## 唱えことば

「泣く子は　山の雉（きじ）の子
　　泣かん子は　おらんうちの　かあちゃん子」
（と言ってしっかり抱きしめる）

「泣こうか　とぼうか　　とぼうか　泣こうか
なこよか　　ひっとべ　ひっとべ」
と言いながら　たかいたかい　をしてあげる

## 転んで痛がって
## 泣いている子には…

「ちちんぷいぷい　ちちんぷい　　鼻の油を
ちょっとつけりゃ　いたい　いたいは
もうなおった」

「いたい　いたいは　とんでいけ〜
カラスのとこまで　とんでいけ〜」
その子の好きな動物や人に替えて
唱えてあげるのもいいですね

「あいてててーの　こんぺいとう
まんじゅうで　さすれば　いたくない」
柔らかな布地でおまんじゅうを作り、ポケットに入れておきます。
いつでも取り出して痛むところにやさしく触れてあげます。

# 3.
# 3歳以上児

## ①おおむね3歳

　ストーリーのあるお話、昔話などを聞けるようになり、イマジネーションを豊かにしながら聞く楽しみを広げる時期です。

　過去、現在、未来…時の流れが理解でき、「昨日ぼく、泥んこやったの。おもしろかった。今日もやったの、だからまた明日もやるんだ」などと話の中によく時を表すことばが使われるようになります。過去、現在から未来へ時の流れの中で自分が一貫した自分であることを自覚し、自分の未来（明日）に向けてのつもりや考えをいよいよことばで話せるようになっていきます。ことばが行動の場面で絶えず自分の行為を指し示す機能を持ち始めます。いわゆる「ことばの生活化」を迎えます。

　遊びにおいては、見立て、つもり遊びから、友達と役割分担をして遊ぶ「ごっこ遊び」に発展していく時期、想像力が豊かになっていきます。本来ことばは、一つひとつの意味やイメージを背景にもったものとして存在します。そのことばを手掛かりにして、想像力を働かせ、心の中にそのお話の世界を創り出します。聞いたこと、読んでもらったことなどを心の中でイメージし、楽しむようになります。

　この時期の子どもの特徴として、主人公や憧れの対象に一体化して聞く、我が身に引き付けて捉える聞き方をすることが何より聴く力を高

めることになります。

　夕方の居残り保育の際、園庭で赤ずきんの話をしたことがありました。保育者の私は「悪いオオカミが目を光らせて森に入ってきました」と語ったのですが、のぞむ君は「悪いオオカミさんが出てきてね、あっちきょろ　こっちきょろって　森の中に入ってきたの」と迎えに来た母親に話していました。自分がオオカミになったように一体化して聴いているからなのでしょう。

## 体験しないことを想像したり、考えたりする力を育む

「ことばには二つの相反する性格があります。ひとつは、体験（ものごと）＝ことばです。そしてもうひとつは体験（ものごと）≠ことばです。ことばは、目前にないものについても、それを頭の中にもってきて、うまく組み合わせ新しい情報を得ることを可能にします。人間の認識は、このことによって飛躍的に育っていきます。ことばはシンボルの一種ですから、幼児が体験しないことでもイマジネーションを働かせ、そのことばで表現される世界もつたえられるようになるわけです。子どもたちはことばを駆使し虚構の世界をあたかも現実のごとく振舞うことがよくあります。ものごと≠ことばの世界を創り出していきます。」（『子どもとことば』外山滋比古　チャイルド本社）

人がことばで考えることができるのは、「これは○○だ」というようにことばによって現実を認識できるようになるだけでなく、ことばによって現実から離れることも可能にします。「ここは海なのね、あたし泳いでいるのね」とことばでイメージを呼び起こしながら空間を泳ぎ回り、自分のイマジネーションの世界を実現していきます。すなわち現実から遊離します。ことばで考えるとは、現実を土台としながらも現実から遊離することでもあります。従って童話や昔話のお話を楽しむことは「ことばで考える力」を育む源と言えましょう。

## 一人ひとりと膝を突き合わせて〈聞く／話す〉の対話を丁寧にする

3歳児クラスに進級したからといって、すぐにクラスの子どもたち全員を相手に保育者がいろいろな話をするというのは、無理があります。3歳児はまだまだ「親密帯で聞く」ことが望まれるからです。親密帯というのは、膝を突き合わせて、大人が手を伸ばせば届くところを意味します。保育者がクラス全員の集団に語り掛けるのは、子どもたちの最も興味ある「お話」や「絵

本の読み語り」にしましょう。聞くことで我慢を強いられて、いやにならないためにも…。

　3歳児は、自分が直接関わっているような身近な話は聞けるけれども、そうでないとたちまち飽きてしまい聞こうとしなくなることがありました。まずは子どもたちが興味を持っていることを的確につかんで話すことが優先されます。そして自分の話をじっくり受け止めてくれる大人の聞き手がいることによって、＜聞く⇔話す＞のやり取りが成立する時期なので、集団的に話すよりも、保育者や仲良しの友達2〜3人で顔を見ながら話す機会が求められます。

　まずは一人ひとりの子どもと対話をじっくりすることです。対話というのは「話す」「聞く」が一つに統合されていく、いわば社会性の育ちを意味します。この時期になると大人や友達と対話する力が育っていくよう援助する必要があります。まずは対話を摘み取る悪い例について考えてみましょう。

　　子ども「先生、昨日いいとこ行ってきたんだ」

　　保育者「知ってる知ってる。動物園に行ったんでしょう。お母さんに聞いたよ」

　　子ども「うん…」

　大人が、子どもが話そうとする前に全部言ってしまうことはありませんか？　これを先取り、代弁と言います。

　また、子どもが昨日の出来事を少し話しだしたところで、「そう、おもしろかったでしょう」と結果を先に言ってしまうことも話が続かなくなるよくない例です。

　それでは対話能力を促す良い例について考えてみましょう。

　　子ども「先生、昨日いいとこ行ってきたんだ」

　　保育者「そう。○○ちゃんは昨日どこに行ったんでしょうね」

　　子ども「あのね、動物園に行ったんだよ」

　　保育者「そう、それはよかったわね、動物園に誰と行ったの？」

　　子ども「お父さんと、お母さんと、お兄ちゃんとそれからぼく」

　　保育者「そう家族のみんなで行ってきたんだ。動物園で何を見てきたの？」

　　子ども「キリンでしょ、ゾウでしょ、ライオンでしょう、それから…サルもいっぱいいたよ」

　　保育者「なにが一番おもしろかったのかしら？」

要は、子どものことばを補いながら子どもが伝えたい思いを共有し、発話の意図を引き出していくこと、言い換えればその子がおもしろかったと感じている経験を「それで…、誰と？どこで？」などと補いながら掘り起こしていくことです。自分の話をじっくり聞いてくれる聞き手がいることによって、対話が成立するからです。

次に望ましい聞き手の態度について考えてみましょう。

## 望ましい聞き手の態度

### ① 「間と気合いを外さない」
「上手な相づちは、人の心の真実を汲みだす誘い水」と吉川英治氏が何かの本に書いていたことを記憶しています。「そうだったの」「ふ～ん」「そうよね」など。

### ② 相手の話の腰を折らない
相手の関心（伝えたいこと）を見抜いて話題にすることです。

### ③ 話し手の目を見る
何かに心を奪われていたり、他のことをしながらだと、聞く効率は落ちてしまいます。

### ④ 一人ずつ話を聞く
同時に複数の子どもの話を聞くことはできません。一人ひとりの話をきちんと聞くために注意を集中すれば、子どもも１対１で話を聞くことに集中することができるはずです。

## 自己中心的な（自分に都合のいい）聞き方をする3歳児

園外保育の前日、子どもたちに期待を持たせるため私はこんなことを話しました。「明日の遠足にはどんなお弁当を持っていくの？　おむすび？　それともサンドイッチ？　のり巻きのおすしもいいわね」

すると…、翌日、数人の保護者から叱られてしまいました。「先生、うちの子がお弁当は、おすしとおむすびとサンドイッチをみんな持ってきなさいって先生がそう言ったのって言うんですよ、そんなこと言われたら困ります」

3歳児はどうも自分の願いや要求に合致する情報を求めてしまうため、自分に都合のいい意味を割り当てようとするのではないでしょうか。

> 「人の話を理解する力の壁になるものとして"感情的引きがね"が在る。自分の価値観、信念に反することには感情的な拒否反応を引き起こす。その引きがねが引かれると、"聞く耳を持たない"状態に陥る。　また、話の内容にすごく共感してしまうような場合も要注意だ。過度に共感してしまうと、その後の話を無前提に受け入れてしまいがちである」
> （『＜聞く力＞を鍛える』伊藤進　講談社現代新書）

最近どうも老人力がついてきた私には、ちょっと心が痛む文章でした。どうも3歳児と似ているところがあります。また自分が関わっているような話は聞けるけれども、そうでないとたちまち、スイッチオフになるということもありました。まずは、子どもたちが興味をもっていることをつかんで話すことが重要でしょう。

## ②おおむね4歳から5歳

### 聞き間違いが著しく多い…
### 知識は聞く力を構成する重要な情報

　朝登園すると「おはよう」も言わずにのり子ちゃん（5歳）が言いました。

のり子「先生、あたし赤ちゃんのときなめくじだったの」

保育者「そんなことないでしょう。それは何かの間違いよ」

のり子「ううん、お母さんがそう言ったの」

　のり子ちゃんの話はどうしても信じがたかったので、夕方帰ってきたお母さんに聞いてみますと…大笑いしてお母さんいわく、

母親「朝、のり子が本棚から赤ちゃんの時のアルバムを出して見ていたので、私がのり子は赤ちゃんの時、未熟児だったのよ、と言ったんですよ」

　4歳児になるとこのような聞き違いがとても多くなります。なぜでしょうか？　幼児期は耳の時代、耳で聞いたことばをイメージに置き換えて理解するからです。本当におもしろいです。

なめくじ だったの

なめくじ…　？

未熟児 だったのよ

## 少人数なら
## 話し合いができるようになる

　仲間で集まって、くる日もくる日も同じ好きな遊びをする。そんな気心の知れた仲間なら、あるいは、いつも一緒に机を囲んで座る生活グループの友達同士となら、夢中になって話をし、友達の話を聞いて理解することも可能になります。が、それも皆が共通に関心を持っている話題でないと難しいようです。人の話を聞いて理解できるようになる過程には＜聞く⇔話す＞のやり取りが活発に行なわれることが何より重要だからです。

　グループで話をするときは、まず、保育者が入って、一人ずつ、子どもの考えていることや、思いをよく聞き取り、周りの子への橋渡しをし、理解を共有できるようにします。「○○ちゃんは○○のように考えていたのね。□□くんとはまた違っておもしろいね」など。よく保育者は「友達の言っていることをちゃんと聞いてあげなさい」と押し付けてしまいますが、「聞いていると相手のことがよく分かるようになるというメッセージ」を重ね、良き聞き手のモデルを示すことがポイントだと思っています。話し合う集団が小さければ、それだけお互いの意思疎通もしやすくなります。

　話し合う必要性に出合わせ、次のようなことに気を付けていきましょう。

●一人ひとりが言いたいことを言う（意見よりも経験を話させる）
●違いを大切にし、何でそう思ったのかしら？　と理由を引き出す
●共通点はないかしら？　何かしら？
●友達の話を聞き、時には自分の考えを変えることも大切にする。

　反論されてもいいから、自分の考えを言い張れるようにしましょう。それが自分らしくなっていくこと、というメッセージを送り続けたいものです。

　友達の中（グループ）で、自分の抱えていた悩みや葛藤体験などを出して話し、聞いてもらう。そういう仲間の存在が、今本当に求められているのではないでしょうか。

## 保育者の聞き方が
## 子どもの聴く力を左右する

　子どもは自分の身近にいる大人が、どれほどの深さで自分の話を聞き、付き合ってくれるかということを鋭く感じ取ります。そして自分の思いや考えをどんな言い方で訴えたとしても、まずはしっかり受け止めてくれる保育者を求めています。何を話したとしても受け止めてもらえるという安心感が、子どもたちに「話したい」という気持ちを起こさせるのだと思います。私の苦い経験がそのことを教えてくれました。

　4歳児29人を2人の保育者で受け持っていたのですが、年長に進級してからは、私が一人で持ち上がって保育することになった時のことです。それまでは何も気にならなかったのですが、進級して2～3か月経つと急に子どもたちの聞く態度が悪くなってきたように思いました。保育者の話を最後まで聞こうとせず、途中でよく話の腰を折り、口を挟むようになったのです。懸命に話をすればするほど「まだかなー、早く終わらないかなー」といった表情で聞く子が増えてきたように感じました。またAちゃんと、Bちゃんはいつも話が聞けないんだからと、特に話の聞けない2人の存在が気になりだし、話の途中で中断し「またおしゃべりが始まった…」といういら立ちの表情や怖い目で子どもた

ちに無言の統制を強いるような話し方をするようになってしまいました。このことは、子どもたちと心が通わなくなってきたという注意信号だったようです。年長組になったんだからという気負いと、一人で進めていかなければならないという焦りが、日常の子どもたちの「ねえ、先生、聞いて、聞いて」という思いを遠ざけてしまっていたようです。日頃十分話を聞いてもらえなくなった子どもたちが、私の話に触発されて「あっ、そうだあのことも話さなくては」「このこともまだ聞いてもらっていない」と湧いてくる思いを抑えきれずに話し出すことが多々あったようです。

　まずは自分の気負いを解消し、今まで以上に子どもたちの生活に溶け込んで、子どもたちの話に耳を傾けるようにしなければと心を入れ替えるようになったら、やはり子どもたちは、以前のように話を聞いてくれるようになりました。自分の話を聞いてもらえるという喜びを味わっている子どもたちは、相手の話も聞き入れようという心を広げていくものだということを痛いほど知らされました。

## 自尊感情の育ちが危うい子は、人の言い分を聞こうとしない

　4歳児クラスの9月、りょうこちゃんとさちこちゃんはおうちごっこをしていたのですが、スカートの取り合いで口論となりました。さちこちゃんが諦めて、りょうこちゃんにスカートを渡したのですが、悔しくて「りょうちゃんとはもう遊ばないからね」と言うと、りょうこは「いっつもみんなにいじめられる。誰も友達いない。もう明日保育園こないから」と言い、保育者が何を言っても「どうせあたしは嫌われているんだから。誰もりょうこのこと、やさしくしてくれない」の連発。自分の気持ちや感情は出せるのですが、人の思いを受け止めようとする力が弱く、なんでも人のせいにしてしまいます。それではケンカが成立しません。保育者に言いつけに来るとつい「そんなことないでしょう。いつも遊んでいるじゃない」と、友達の立場や気持ちを分かってもらおうと話してしまいがちですが、聞く耳をもたず「どうせ、誰もあたしのことは分かってくれないんだから…」と言うばかり。

りょうこちゃんとはもう遊ばないからね

　友達とちょっとしたことですぐもめ事になり、相手の言い分や周りの人の言うことを、少しも聞こうとしない子の中には、自尊感情の育ちが弱く、人のせいにすることで壁をつくり、弱い自分を守ろうとしているのかもしれません。残念ながらそういう子どもたちが増えているように思います。

　つい保育者は、相手の立場を理解させようと働き掛けますが、それでは聞く耳をもたないので空回りです。それよりも「友達が仲間に入れてくれないから寂しかったのね」などとその子の思いに添い、「私だって大切にしてほしい」という訴えをまずは尊重することだと思います。

　「ことばへの信頼は、人への信頼につながる」と言われますが、自分を無視したり、言い分を聞こうともしてくれない人の話を聞けるはずがありません。相手の話を聞こうとする気持ちや態度を育むには、まず信頼関係ができることだと思います。人間として大切な自尊感情を育んでもらえなかった子どもたちが、聞く耳をもてなくなっているのは、当然なのかもしれません。自分が好きになり、自分が大事だから友達も大事という気持ちを根気よく育んでいくことが先決だと学びました。

### ③年長児
## 関心のある話題であれば、クラスのみんなで聞き、話し合えるようになる

　年長クラスになってもクラスの全員で話し合うということ（集団の一人として聞き、理解し、発言すること）はまだまだ難しさがあるようです。特に幼児期は、相手の目を見て聞くこと、目から相手の思いや訴えを受け止めながら聞くという力が育っていますから、話し手の顔や身振りなどが身近に見られないときは、その人の話を耳だけで聞くことになります。「耳だけで聞く」といった場合、昼寝に入る前、布団に入っている子どもたちが、保育者の読み語りを聞くというような機会を積み重ねていくことも大切です。

　しかし段々、自分が関わっていない話でも「もしも自分がその人の立場だったら…」というつもりになって聞き、理解する気持ちがついてきますし、話したくなっても、今は、誰々が話しているからと我慢して最後まで聞くというコントロールができていく時期なので、集団での話し合いを進めていく意味は大きいと思います。クラスの皆と話しても、自分が集団の一人という自覚を持っていれば、聞けるようになることは大切なことです。

　話を始める導入として、いつも手遊びや、決まりの口上（「おしゃべりしているのは誰かな、先生の方を向いて静かに聞きましょう。お口はチャック手はお膝」など）で、子どもたちの注目を集める手立てを使うことには少し疑問があります。なぜなら保育者への信頼が厚く「今日

は先生、どんな話をしてくれるのかな？早く聞きたいな」という日頃の保育者のことばへの興味や信頼が育っていれば、子どもたちは耳を傾けてくれます。聞く力は「いかに聞く態度を身につけさせるか」ではなく、人間関係の親密さにあることを肝に銘じたいものです。

　また、話の途中で、頻繁に聞いていない子に注意を与えたりするのも逆効果ではないでしょうか。話を聞いている子どもたちに対する無神経さではないか？　という気もします。また、聞いているかどうかは態度であるより、どれだけ心を傾けているか、イメージを描きながら聞いているかが肝心です。保育者の話し方も話術であるより話力（伝えたいことがある内容）であることが大切なのではないでしょうか。

# 4. まとめにかえて

　「聞く」は、受容的言語、相手の主張をいかに深く受けとめ、相手との関係を築くかという行為です。私の好きなことばですが「聞くことは語ることよりも、はるかに偉大な愛の証である」（イリイチ）。そのことば通りよく聞き、相手を理解したいと願う行為こそ愛の体験、分かち合いです。伊藤進は、著書で下記のように述べています。

　　「そして『言葉のコミュニケーションは、世界から意味を導き出し、それを他者と共有しようとする人間的過程である』　分け合い共有しつながる力には　イ）情報の分けあい　ロ）気持ちの分けあい　ハ）時空食などの分けあいがある。
　　また聞ける／聞けない、といった場合、聞き手が話の内容に関するスキーマ（脳に蓄えられているひとまとまりの情報）をもっているか否かで、聞く効率は大きく変わる。　話し手と聞き手のスキーマの共通性が高いほど意味の割り当ては容易になる。　反対に差異が大きくなるほど意味の割りあては困難になる」
　　（『聞く力を鍛える』伊藤進　講談社現代新書）

　まず、大人（親や保育者）が、子どもたちの「聞く人」のモデルです。大人が子どもとのコミュニケーションにおいて、「聞く人」であれば、子どもも「聞く人」になり、大人が自分がしゃべるばかりで子どもの話しを「聞かない人」であれば、子どもも「聞かない人」になる可能性が高いことは言うまでもありません。特に、乳児期のコミュニケーション環境は第一関門になります。

聞く　人に

聞かない　人に

## 著者

### 今井和子 いまいかずこ

元 東京成徳大学子ども学部教授・立教女学院短期大学幼児教育科教授
子どもとことば研究会代表

23年間、東京都世田谷区と神奈川県川崎市の公立保育園に保育士として勤務し、その後十文字学園女子短期大学、お茶の水女子大学非常勤講師を経て、東京成徳大学子ども学部教授、立教女学院短期大学幼児教育科教授を務め、保育者養成に携わる。

### 主な著書

『自我の育ちと探索活動』ひとなる書房　1990年
『子どもとことばの世界』ミネルヴァ書房　1996年
『家庭との連携と子育て支援』（共著）ミネルヴァ書房　2000年
『0・1・2歳児の心の育ちと保育』小学館　2003年
『「わたしの世界」から「わたしたちの世界」へ』（共著）フレーベル館　2003年
『今求められる質の高い乳児保育の実践と子育て支援』（共編著）ミネルヴァ書房　2006年
『子どもとつながるちょこっと遊び！ 保育のなぞなぞ138』（監修）ひかりのくに　2011年
『遊びこそ豊かな学び』ひとなる書房　2013年
『保育士のための書き方講座』全国社会福祉協議会　2016年
『主任保育士・副園長・リーダーに求められる役割と実践的スキル』（編著）ミルヴァ書房　2016年
『0歳児から5歳児 行動の意味とその対応』小学館　2016年
『0歳児から6歳児 子どものことば –心の育ちを見つめる』（編著）小学館　2017年
他多数

### 写真協力

小野立善隣館こども園

### STAFF

●本文イラスト／ホリナルミ、坂本直子、石川元子、むかいえり、ヤマハチ、みやれいこ、赤川ちかこ、野田節美、とみたみはる
●本文デザイン／株式会社レジア（上條美来）
●企画・編集／長田亜里沙、北山文雄
●校正／株式会社文字工房燦光

### 参考・引用文献

『幼児期』岡本夏木　岩波新書
「国連から見た日本の子どもの権利状況」冊子　日本弁護士連合会子どもの権利委員会
『健診とことばの相談』中川信子　ぶどう社
「スマホ・テレビで 言葉遅れ」冊子　片岡直樹　NPO法人 食品と暮らしの安全基金
『幼児のつぶやきと成長』亀村五郎　大月書店
『子どもとことば』岡本夏木　岩波新書
『ことばと発達』岡本夏木　岩波書店
鯨岡 峻の講演記録
『＜聞く力＞を鍛える』伊藤進　講談社現代新書
『0歳児がことばを獲得するとき』正高信男　中公新書
『子どもの思考力』滝沢武久　岩波新書
『自我の育ちと探索活動』今井和子　ひとなる書房
『イメージの誕生』中沢和子　NHKブックス
『子どもの思考と認識・新しい発達心理学の視点から』滝沢武久　童心社
『2歳から5歳まで』チュコフスキー　理論社
『子どもに教わったこと』灰谷健次郎　NHKライブラリー
『周郷博著作集』周郷博　柏樹社
『赤ん坊が見た世界』無藤隆　講談社
『発達35』「ことばの発達に必要なもの」 岩田純一　ミネルヴァ書房
『子どもと悪』河合隼雄　岩波書店
『子どもとことば』外山滋比古　チャイルド本社

## ことばから見る子どもの育ち
### ～エピソードから読み解く～

2021年3月　初版発行

著 者　今井和子
発行人　岡本 功
発行所　ひかりのくに株式会社
　　　　〒543-0001　大阪市天王寺区上本町3-2-14
　　　　TEL06-6768-1155　郵便振替00920-2-118855
　　　　〒175-0082　東京都板橋区高島平6-1-1
　　　　TEL03-3979-3112　郵便振替00150-0-30666
　　　　ホームページアドレス　https://www.hikarinokuni.co.jp
印刷所　大日本印刷株式会社

©2021 HIKARINOKUNI　Printed in Japan
乱丁、落丁はお取り替えいたします。
ISBN978-4-564-60947-3
NDC376　144P　26×21cm